U0133598

蕭欽著
容止齋聯集
文史哲出版社印行

國家圖書館出版品預行編目資料

容止齋聯集 / 蕭欽著. -- 初版. -- 臺北市：
文史哲, 民 102.03
面；公分（文學叢刊；287）
ISBN 978-986-314-101-6（平裝）

822　　　　　　　　102005213

文學叢刊　287

容止齋聯集

著　　者：蕭　欽
出 版 者：文史哲出版社
http:// www.lapen.com.tw
e-mail：lapen@ms74.hinet.net
登記證字號：行政院新聞局版臺業字五三三七號
發 行 人：彭　正　雄
發 行 所：文史哲出版社
印 刷 者：文史哲出版社
臺北市羅斯福路一段七十二巷四號
郵政劃撥帳號：一六一八〇一七五
電話886-2-23511028・傳真886-2-23965656

定價新臺幣三〇〇元

中華民國一〇二年（2013）三月初版

ISBN 978-986-314-101-6　　08287

蔡序

山川瑰奇鍾毓曼衍觀夫衡嶽鍾湘鄂之靈洞庭跨兩湖之勝聚秀流徽代出才賢光於史冊地靈而人傑也語云惟楚有材洵為譽焉湖北蕭氏為鄂南望族蕭 欽先生幼承庭訓敦詩禮而篤敬好吟咏若天成自齠齡而束髮涵泳於經書古文辭詩學中年未冠已能擷菁為文屢牋成吟老儒所許適抗戰勝利惜烽烟又起投筆從戎廁身於整軍紀保民安之憲兵行列中嗣經特考銓任從政歷總統府而監察院自科秘而簡任編纂專門委員以詩文辭聞於

殿堂以是筆墨之勞與聲華並起代庖之作擅藻采之長所為壽賀誄辭之文与夫序跋銘記為代人物名公鉅卿懋績事略撰其筆下必須天保九如或揚潛德幽光百餘篇文賦敘詳措詞淵識其詩善於用事充滿情性識見溢於篇什意境出於自然計分萬里征程解甲從政致仕淨修酬名慶賀四大類都六百餘首可謂夥矣其秀氣靈樸自成氣象非淺俗所能窺其涯際也楹帖方面為數不鮮屬對和協聲韻流暢餘事也重在含義深遠而有啓迪鼓勵之功能蕭君之作類皆如是可喜也茲將其詩文聯彙集問世讀其集者得一舉而獲三到焉　民國九十九年庚寅夏書

曉學齋主蔡鼎新　時年九十有一

張序

鄂之陽新縣，余識兩人焉。一為當代駢文泰斗成公惕軒先生，乃私塾出身，彊學篤行，自修法政財經諸學，而獲高考及第，由胥吏起家，薦而簡而特任，歷四屆考試院考試委員，並主持國家考試之文哲組，不肖累蒙擢拔，得參與高考之命題閱卷而忝膺典試委員。及公歿後一年，余亦於七十五年蒙層峯提名，經國會同意，而忝膺第八屆考試委員，並主持文哲組，凡所職歷，大抵與公雷同，惟才識自慚遠甚，私竊以師事之，然不得立程門一日也。

一爲曾任陽新縣同鄉會理事長之蕭欽先生，早年于役憲兵，於民國四十五年入憲兵學校專修學生班五期受訓時，余任國文講席，得觀其課業及所爲吟詠，乃知其幼入私塾，讀畢四書五經，於詩古文辭已有根柢，又好書法，於四體書均有臨摹，因特寄以厚望！故自離校以至由軍轉政，並一度共事，積資晉至簡任退休，嗣又從余入中華學術院詩學研究所，以昌明詩學爲職志。相識五十餘年，每贈言一函，或鷄鶩聯吟，從不改嚮，日所習稱，此則年相若，道相若，余愧不敢以師自居也。

陽新縣，始置於三國吳，隋改曰永興，明省入興國州，至民國始放今名。余因疏隱寡聞，而交遊不廣，於陽新有哲人之道者，惟此兩人，均在亦師亦友之間。成公道德文章為世所重，人固知之；而蕭君亦瑰意琦行，卓犖不群者也。今以容止齋輯其文、詩（詩鐘）、詞、聯等，分別梓行，囑余一言以為序。余既不敢以不文辭，亦情所不容，以垂老體衰而拒，是略述締交之由，聊答雅命而已。至其各類作品之高下，余不便有所軒輊，容待海內外賢達匡之教之，是所同企！

中華民國九十九年庚寅仲春吉旦　清華張定成

自序

對聯者，顧名思義，乃對其事，聯其義也，亦即對比聯合。凡觀念之性質，其相反相關者，可兩相對比，互為聯合。譬如：說「饑」就想起「飽」，說「真」即連想到「假」。紅樓夢中有：「假作真時真亦假，無為有處有還無」。誠然：基於我國採用單字單音之特質，又可構成對仗之現象，是以在詩文運使對偶句子，以表彰文采。南朝梁時沈約等倡聲律說，在聯偶句中平仄有一定限制，致其內涵愈趨精巧綺儷，又文章修辭法用對襯均勻之字句，展現對仗工整之形狀，前人詩文多借用典故，其引伸比擬，對偶親切，更有可觀者。

昔五代後蜀主孟昶自命題：「新年納餘慶，嘉節號長春」起，繼宋以後，辦年貼春聯，已相當盛行，嗣明太祖朱元璋親撰：「雙手劈開生死路，一刀割斷是非根。」以賜閹猪者，當尊「御筆」為之珍寶，竟成名人，且生意十分旺盛，傳為佳話。

至對聯之作法，在技術上，一為平仄之對襯，一為詞性之對仗。在形式上，一般四言（字）至八言，凡超九言而由兩句以上長短不等之字句組成者，習稱「長聯」。例如清葉孫髯翁（布衣）所撰：「昆明大觀樓」一百八十字為長聯之嚆矢，累代均有佳構，迄現代湘之名仕伏嘉謨（壯猷）為「湖南文獻社」製聯長達千字者，乃聯書中僅見，難能可貴也。

當今之世，聯語應用日廣，全國各界，靡不借用對聯文詞之精彩，以宣揚其行業事物之優值，達成利益宏效之目標，遂獲取豐收之碩果。

總之，對聯之學，雖為小道，但言簡意賅，而妝點湖山，酬應人事，每周於用，誠屬大觀。

余才疏意廣，蕭規曹隨，依樣葫蘆，不斷習練，幸晉柏臺為幕友，屢承酬應之撰作。或吐心聲以明志，感慨發抒；或供役使而從公，栟懞獲托。卅餘載以來，積聯牘亦夥。不計工拙，類分成帙，爰付梓匠，藉誌雪泥。至希文壇先進，教而正之是幸。

中華民國九十九年歲次庚寅王春　陽新 **蕭欽** 星禧

容止齋聯集 目次

一、歲時

六十花甲嵌字聯

甲子

甲花並燦齊眉樂；
子婦均佳比翼飛。

乙丑

乙系相承綿奕葉；
丑門啟泰迓新春。

丙寅

丙舍置人人貴出；
寅宮屬木木欣榮。

丁卯

丁強七尺昂藏志；
卯飲一杯鎮日悠。

戊辰

戊燕歸來尋舊主；
辰龍臥起動春雷。

己巳

己飢己溺方為恕；
巳水巳山總是春。

庚午

庚日狂歌當縱酒；
午風送爽最開懷。

其二

庚郵雁急催歸日；
午夜雞鳴起舞時。

辛未

辛勤不負雞先報；
未取無求鷺亦親。

壬申

壬養天心增壽豈；（注：豈讀愷。）
申商大法重刑名。

癸酉

癸水會流。百川入海；
酉山覽勝。四處回春。

甲戌

甲第重門環秀水；
戌兵衛國護蒼民。

乙亥

乙魚非是池中物；
亥豕孰為字指針。

丙子

丙魏齊名賢弼亮；
子孫永寶品聰明。

丁丑

丁年立志先修業；
丑相進身在敢言。

戊寅

戊土為山虧一簣；
寅窗讀史夜三更。

己卯

己助人扶當合作；
卯糧寅吃應衡量。

其二

己身隱退韜光逸；
卯歲欣觀景象新。

庚辰

庚星有耀人丁旺；
辰序無差歲月新。

辛巳

辛勤須把光陰惜；
巳禊還將韻事修。

壬午

壬林柳下鳴鶯織；
午枕花前夢蝶飛。

癸未

癸年遊覽群賢至；
未雨綢繆古聖言。

甲申

甲第連雲環翠靄；
申天麗日踏青遊。

乙酉

乙鴨泛溪春水暖；
酉雞報曉日光明。

其二

乙鳥鳴春。鶯聲嘹喨；
酉山探勝。書策玲瓏。

丙戌

丙耀乾坤騰瑞氣；
戌削風骨振春衣。

其二

丙相釁權。民其之福；
戌方天塹。國者也安。

丁亥

丁年志士搏鵬翼；
亥算老人享鶴齡。

戊子

戊春育物風光媚；
子善承歡世事昌。

己丑

己不如人當志學；
丑之為相重權威。

庚寅

庚友神交親梯己；
寅賓篤敬感同身。

辛卯

辛酸苦惱誰人識；
卯醉酉醒只自知。

壬辰

壬養有慚。難稱子職；
辰慇定省。有負親思。

癸巳

癸尊錦福人心媠；
巳禊迎祥國祚康。

甲午

甲第祥開延百世；
午橋花笑滿全莊。

乙未

乙覽群山山起舞；
未觀滄海海揚波。

丙申

丙相愛民而愛物；
申封安國以安身。

丁酉

丁年投筆能安漢；
酉穴藏書好避秦。

戊戌

戊夜燭燃。卷猶不釋；
戌秋月朗。客與泛游。

己亥

己身歷盡滄桑變；
亥算還期松鶴高。

庚子

庚癸不聞歌大有；
子孫繞膝慶團圓。

辛丑

辛勞十載勤生聚；
丑建三軍勵膽薪。

其二

辛盤椒獻家家酒；
丑地梅開處處香。

壬寅

壬人要有文明念；
寅友毋忘貧賤交。

癸卯

癸鼎焚香祈福壽；
卯晨把酒樂時雍。

甲辰

甲馬騰驤千里遠；
辰龍飛躍九霄高。

乙巳

乙第巍科。名題雁塔；
巳修春禊。詩詠蘭亭。

丙午

丙魚游水悠悠樂；
午馬尋春得得行。

其二

丙吉問牛識丑座；
午橋策馬餞行人。

丁未

丁到勾留生意穩；
未來希望財源多。

其二

丁此時艱。倒懸待解；
未來責任。撥亂中興。

戊申

戊雨春風能茂物；
申江漢水有嘉魚。

己酉

己不求人。一琴一鶴；
酉方入夜。半榻半眠。

庚戌

庚譜素交如水淡；
戌方雅築愛山青。

辛亥

辛運重光除舊歲；
亥年元旦賀新春。

壬子

壬林洽頌南山壽；
子弟奉承菽水歡。

癸丑

癸。臘陽回。花香鳥語；
丑。年日麗。魚躍鳶飛。

甲寅

甲。第鼎新容駐足；
寅。朋道故好知心。

其二

甲。帳滿營。馬騰士飽；
寅。賓煮酒。餞臘迎春。

乙卯

乙。杖老人。尋春覽勝；
卯。晨獨我。臥酒吞花。

丙辰

丙。曜中天。照臨大地；
辰。樞居所。拱列眾星。

丁巳

丁。壯及時勤上智；
巳。春修禊敘幽情。

戊午

戊。燕呢喃春早到；
午。雞咿喔日方升。

己未

己。溺思禹。己飢思稷；
未。能免俗。未能忘情。

庚申

庚。敘重來增國債；
申。冤群聚鼓民潮。

辛酉

辛。受為辭稱妙好；
酉。尊考證永流傳。

壬戌

壬歲挽頹唐習氣；
戌方開經濟契機。

其二

癸水繞城。刀兵不見；
亥珠照夜。合浦飛還。

癸亥

癸鼎鏤奸兼警妄；
亥錐除暴復安良。

台北市陽新同鄉會春節祭祖兼團拜

陽春際陽和。追思列祖列宗。無慚遊子。
新歲開新運。團聚鄉親鄉友。閒話故園。

春節

年頭年尾瞻春雨。
吾土吾民被德風。

二

春光早兆雍和樂。
自力圖強事業新。

三

天開美景風雲靜。
春到人間氣象新。

四

百花繡出群芳譜。
萬物爭回一個春。

五

萬丈祥光騰碧宇。
九重春色映華堂。

六

一統河山開景運。
兩間草木入新年。

七

大道之行。天空海闊。
門楣顯耀。魚躍鳶飛。

八

橋臥長虹。城開不夜。
鳥啼布穀。花放迎春。

九

不夜城開。此夕除夕殊非夕。
迎春鳥語。今年過年勝往年。

四十八年元旦

八二三戰役。狂敵已摧。且看強大一軍。
起舞金門歌旦旦；
四百兆同胞。倒懸在解。再創勝利數合。
中興華夏拯元元。

金門憲兵隊春聯

金城張風憲。
門禁握戎兵。

其二

金甌永固須維憲。
門禁森嚴在鏖兵。

台北車站憲兵分隊春節

車騎跨海收京日。
站驛傳書報捷時。

其二

車笠盟邦。贊襄國憲。
站營軍鼓。秣厲戎兵。

七十八年春節

人老忽驚時運轉。
春回喜見歲華新。

應徵對聯

首　聯：寸草由心。欲報親恩春浩蕩。

對下聯：

1.新年有象。欣觀國泰歲平安。
2.新年如願。轉來世局運鴻鈞。
3.大鵬展翅。直搏雲漢氣豪雄。
4.萬民同德。弘揚文化漢聲威。

中英文化經濟協會舉辦「中國之夜」元宵晚會

乙木逢春。正好以文經會友。
亥珠耀夜。允宜同宴樂娛情。

注：亥珠。即亥既珠神話中之夜明珠也。亥中宴樂。懸於殿中。光徹如白日。

香港回歸紀盛八十六年七月一日

收回一顆明珠。重放光華歌復旦。
洗雪百年奇恥。欣聞大漢震天聲。

其二

約訂南京同是痛。
珠還合浦皆盡歡。

台北市湖北陽新同鄉會三十週年紀念團拜

閒話蓬萊遊。歷三十週年。不忘團親報國。
期還桑梓願。數百餘佳士。毋負苦志丹忱。

中華學術院詩學研究所創立三十週年紀盛（八十七年）

中華崛起人豪。筆陣游龍。才思倚馬。
詩學震驚世界。錄週半甲。客滿三千。

春聯

山中花木春無限；
海上風雲看不完。

僑胞二千年春聯

禧屆兩千年。天開景運。
僑居萬里外。人醉春風。

憲獨三營成軍六十週年慶並團拜

一日為憲兵。終生為憲兵。飽閱滄桑。六十週年欣老健；
在營如兄弟。退伍如兄弟。喜逢團聚。百餘志士話家常。

新北市改制升級春聯

新市換新裝，新春氣象。
北城媲北美，北國風光。

二、慶賀

（一）婚嫁

志明與秀蘭結婚（七十年）

志於家明倫在抱。
秀而惠蘭氣相投。

昌崙與麗娟結婚（七十三年）

法尚昌明人俊麗。
情緣崙比月嬋娟。

秀屏小姐于歸

秀閣宏開歌好合。
雀屏中選賦于歸。

陳眼科醫師與王護士結婚

診室春融。聖手喜開眼界。
洞房夜永。佳人契合心儀。

景文與崔平結婚

景附唱隨。文才濟美。
崔歸好合。平實孔嘉。

吉雄與壽燕結婚

吉利佳期。英雄獨擅神仙眷。
壽康長樂。海燕雙棲玳瑁梁。

陳忠賢與簡碧玉結婚

忠賢喜得神仙眷。
碧玉祥開花月圓。

陳鉅淮與黃莉美結婚

鉅業立千秋。淮水長流情永續。
莉花開並蒂。美人相對意纏綿。

盛華與慧美新婚

盛世才郎華且實。
慧心淑女美而莊。

大驊與惠美賢伉儷結婚廿週年紀念

鶼鰈情深。磁婚介福。
芝蘭秀拔。奕世永昌。

偉康與元貞嘉禮

偉業造端夫婦起。
康年喜合室家宜。

亮生與純麗嘉禮（七十四年）

亮真情深生年合。
純誠愛篤麗影雙。

哲彥與綉珍嘉禮

哲思彥子。愛敬常懷。莫把新婚移少艾。
綉口珍心。修持有守。更將正始驗齊家。

再成與三美結婚

再厲丹心。成家立業。
三生信誓。美眷良緣。

吳榮昌與吳蓓結婚

榮中雀屏。杯斟合巹。
蓓開並蒂。梔綰同心。

明裕與艷莉嘉禮

明德修身。裕材達用。
艷光煥彩。莉蕊初開。

承宗與芳芳結婚

承志傳宗。喜齊鴻案。
芳心已許。永結鴛盟。

歸寧省親（八月）

秋色清華。省親叶吉。
桂香飄繞。宴客孔嘉。

張興生與楊翠華結婚

興業齊家。生產報國。
翠眉綠鬢。華好月圓。

志明與秋梅嘉禮

志大才高。明倫報國。
秋闈銀燭。梅綻花香。

日祺與英綉結婚

吉日締良緣。祥祺厚福。
精英成眷屬。錦綉前程。

書梅與碧月結婚

書苑梅花開並蒂。
碧天月影映雙輝。

金勇與華雯結婚

金石同心。勇士佳人成吉配。
華蓮並蒂。雯雲瑞日映雙輝。

永賢與梅玉嘉禮（七十五年）

永結同心賢配耦。
梅開並蒂玉生香。

廖金水與賀心韻結婚

金石之情。水山之美。
心聲相印。韻律相調。

嘉傑與金鴛結婚

嘉耦良緣。傑賢並美。
金枝玉葉。鸞鳳和鳴。

乾鉅與翠薇結婚

乾德坤儀。鉅業同心創。
翠樓玉宇。薇花並蒂開。

大峰與菊秀結婚

大其峰。高其峰。峰奇峻麗。
菊也秀。梅也秀。秀逸芬芳。

鈿炫小姐新婚

鈿釵情趣真堪羡。
炫爛人生美不勝。

許志浩與郭玉玲結婚

志氣如虹。胸懷浩博。
玉簫引鳳。聲韻玲瓏。

武永生與蘇雪華結婚

永結同心。詩吟白雪。
生成佳偶。秀發英華。

嫁女

鴻案齊眉。祥徵卜鳳。
雀屏中目。喜得乘龍。

馮鈺文與黃運芳喜禮

鈺石同堅。昌期運祚。
文才並美。獨擅芳心。

宣聖與麗娟結婚

宣誓鴛盟。儀型壯麗。
聖情鳳侶。花月嬋娟。

永康與靜芬喜禮

永結同心。康強長壽。
靜觀得意。芬美相莊。

宏謀與美玲結婚

宏其才明倫謀國。
美而健窈窕玲瓏。

新聞人士結婚

新聞人物聯佳耦。
眷屬神仙樂自由。

年品與淑梅結婚

年青品俊聯嘉配。
淑女梅妃詠好逑。

增瑞與沛華嘉禮

增喜迎祥。滿堂瑞集。
沛情與愛。並蒂華開。

信宏與宜璇結婚

信士英才。克昌宏業。
宜男新婦。允樂璇閨。

玉明與純純結婚

玉樹連枝。明倫報國。
純情互愛。敬業齊家。

瑞松與哲琴結婚

瑞氣盈庭。友松梅而成仙眷。
哲夫有室。調琴瑟以譜新聲。

林鴻銘與林秀芬結婚

鴻案相莊。銘心白首。
秀儀大雅。芬德高風。

子文與柏詩嘉禮（七十六年）

子美才高。文成博議。
柏操品峻。詩詠好逑。

建昇與淑娟結婚

建樹雄才憑慎淑。
昇平樂事共嬋娟。

志強與佩春結婚

志鵠強人揮玉杵
佩蘭春意溢璇閨。

張偉明與倪安茹嘉禮（七十八年）

偉業恢奇鴻鵠至。
明倫好合鳳凰飛。

孫蓀恩與吳秀惠結婚

蓀香恩愛宜家室。
秀外惠中配俊髦。

陳永鴻與簡秀惠結婚

永結同心。眉齊鴻案。
秀能出眾。德著惠聲。

周憲光新婚（七十九年）

愛之深。畫眉揮彩筆。
卿以下。種玉有圭田。

趙永正與周慧蓮結婚

永得慧根歡合巹。
正逢蓮子結同心。

永締鴛盟。慧心共樂新婚夜。
正齊鴻案。蓮炬同開並蒂花。

注：蓮炬。稱華麗的蠟燭。

楊少文與張承珍結婚（八十年）

少艾壯為。才兼文武。
承先立業。囊滿珍珠。

爾藎與淑芬結婚（八十一年）

爾曹愛藎齊眉樂。
淑女雪芬累葉昌。

新婚

一室唱隨。親親為本。
百年好合。眷眷以誠。

其二

緣訂三生石。
花開連理枝。

其三

臺島秋濃花並燦。
蓬山景美月團圓。

金婚紀念

鴻案相莊。金婚介福。
鹿車共挽。仙眷長春。

振昌與海雲結婚十週年（七十七年）

共振家聲。山盟海誓。
合昌事業。霞蔚雲興。

鄒芳榮與羅美娘賢伉儷

合力經綸新事業。
同心組織好家庭。

名正與世華結婚

名門正娶綿瓜瓞。
世代華開連理枝。

其二

名士佳人。形端表正。
世蕃胄衍。秋實春華。

金鳳結婚

金石同心。相親相敬。
鳳鸞比翼。和樂和鳴。

孫如晨先生結婚

如斯多壽福。
晨夕好姻緣。

逢年與鈿炫新婚

鈿閣佳人。豐姿炫炫；
逢君才子。喜樂年年。

錦華與素娟新婚

錦繡同心心素素；
華堂映月月娟娟。

惠暢與清韻新婚

惠爾多才。暢懷得意；
清斯如玉。韻味從心。

明文與素惠新婚

明倫報國文才富；
素抱宜家惠秀多。

炳輝與燕俠新婚

炳蔚人文。輝光奪目；
燕謀家室。俠侶同心。

子正與淑卿新婚

子正能齊家報國；
淑卿有四德三從。

增滌與令昆新婚

增祿延齡。令儀有象；
滌瑕蕩垢。昆友堪欽。

祖禮與秀娥新婚

祖宗法禮家中寶；
秀雅嫦娥月裏仙。

大中先生新婚

大好情人。都成眷屬；
中心樂事。還算結婚。

陳耀楚與謝慧玲賢伉儷

耀眼精光。楚材英物；
慧心獨韻。玲玉清音。

胡景徵與錦菊賢伉儷

景柱鴻濛。徵祥兆瑞盈庭靄；
錦堂亮麗。菊茂花開滿院香。

王德源與李愛玲賢伉儷

德業齊興。源流不息；
愛情永固。玲玉其清。

詹進喜與楊麗文賢伉儷

進以修身詢可喜；
麗而積德又能文。

關立志與周玉蘭伉儷

立士胸藏仁智見；
玉堂階滿桂蘭芳。

注：立士。卓然自立之士。見（韓詩外傳）「五臟空虛、則無立士。」

陳文生與月英賢伉儷

文詞生趣情偏茂；
月魄英華夜更明。

彥昌與平貞賢伉儷

彥士昌言能淑世；
平民貞德可移風。

中泰與佩令賢伉儷

天申泰福碩人相；
室佩令儀慧女型。

其二

福有天申泰且碩；
人佩令範晏然庭。

注：聯中嵌申泰、佩令及子碩與晏等

庭暢與綉鈴賢伉儷

庭堂合巹，賓朋暢飲；
綉幙牽絲，環珮鈴清。

賀劉永智與詹顯芳新婚

永許終身，顯揚父母；
智能雙士，芳惠人生。

（二）介壽

李仲篪先生五十初度

伯仲相呼。時年知命。
塤篪和叶。韻律清新。

仰康先生五秩（七十四年）

仰不愧天功在國。
康而添壽德潛身。

雪青與玉暖賢伉儷磁婚暨夫人五十（七十九年）

雪練松青。情深久著。
玉題春暖。壽樂長康。

羅國代森六旬（六十七年）

國士高風。齡週甲籙。
華堂舞彩。慶洽壬林。

退休公務員六秩

渡海東來。花開週甲。
退官南極。星耀長庚。

鄧書文教官六秩（七十八年）

書不盡言。人無量壽。
文能華國。德可潤身。

袁觀漁同學六旬

萬里成家。有兒雙傑。
六旬稱慶。如日中天。

其二

寶島家傳。佳兒雙鳳。
遐齡人健。老子猶龍。

自壽六旬初度（七十九年）

自壽六旬一過客。
吾生十日九揮毫。

吳榮光與楊麗媛六秩雙慶暨結褵四十週年

榮配卅年。婚紀羊毛光德業。
麗臻雙慶。壽週花甲樂康強。

林監委員孟貴壽慶

孟姜美矣宜長壽。
貴介超然本大公。

胡國代六十湖北省人

壽同江漢永
福並海天長

其二

六秩松齡欣燦甲。
九秩桂魄祝長庚。

其三

表率群倫。文行忠信。
花開周甲。福壽康寧。

其四

值令閏中秋。海宇澄清舒麗景。
引年逢六秩。蓬山氣爽祝長庚。

成惕軒試委七秩（六十九年）

楚寶善人陳五福。
望隆杖國祝三多。

其二

惕志厲清操。楷模萬世齊千聖。
軒眉欣介壽。花甲重周又十春。

其三

好善憐才。胞與共河山並壽。
春風化雨。聲華合日月同光。

李鴻緒先生七秩

靜養天機。長生不老。
園居海嶠。壽相高人。

注：鴻緒先生晚年自號靜園老人。

施獻忠先生七秩晉六

獻頌九如尊上壽。
忠純一老樂天年。

簡代表欣哲七秩

自有高明多令德。
欣看壽愷古來稀。

黃院長尊秋七秩誌慶

尊容襟抱欲從心。尊駕玉躬行虎步。是尊者。為人輕下。尊卑嚴分。憑將德存尊古。守斯利溥群元。或扶持老弱。或濟助貧寒。並揚社會尊賢尊老之流風。咸稱尊位清名。洒贏得案舉眉齊。尊儀壽相。

秋水文章酬報國。秋闈金榜躍龍門。膺秋曹。執法如山。秋毫明察。更以志厲秋霜。繼爾職司獻替。而弼亮蘭臺。而總裁柏署。且喜庭階秋桂秋蘭之生氣。一片秋香美景。卻樂觀民康物阜。秋事豐收。

林木桂暨德配林連柑七秩及結婚五十週年

木公傲歲。木母含春。七秩松齡躋壽域。
桂魄長圓。桂枝競秀。百年鴻案紀金婚。

其二

樂事話金婚。鴛譜成文欣比翼。
古稀躋上壽。兕觥晉酒介齊眉。

泰祥先生壽

泰啟三陽仁者壽。
祥開七秩古來稀。

青海國大七秩

福壽同祁連並永。
襟期與滄海爭雄。

壽張所長定成七秩榮慶

坐對芝山忘歲月。
笑扶鳩杖看風雲。

其二

定稱文柄千秋業。
成就書林一代師。

詹煥青與春榮賢伉儷古稀雙慶

煥然松柏青不老。
春在芝蘭榮及時。

廣鶴先生八秩（七十年）

廣緣善結長生果。
鶴算籌添大耋年。

張監委國柱（字砥亭）八旬

砥柱中流。春秋不老。
亭皋遠眺。杖履從容。

熊監委在渭暨夫人八旬雙壽（七十一年）

松柏同春。茂挺烏臺隆碩望。
極嫦並耀。光騰紫府兆嘉祥。

張監委岫嵐八秩

信孚女界名流。夙欽思有新潮。詠絮清才傳早歲。
齊覩麻姑獻壽。會看手牽綵帨。稱觴樂事慶長生。

其二

岫峻岡陵萱草翠。
嵐光煥彩婺星熙。

其三

萱草凌霜勁。
柏臺傲雪堅。

其四

坤德含光。壽徵八秩。
慈暉炳耀。福備九疇。

其五

八旬白首今猶健。
卅載烏臺古亦稀。

其六

左吟太行。右挾東海。
光騰寶婺。星紀老人。

其七

壽算與天齊。寶婺一星輝柏署。
福源如海大。祥雲五色靄蓬瀛。

其八

桃熟紀三千。西望瑤池降王母。
萱榮欣八稔。東來蓬島享天年。

張秘書長群字岳軍（七十二年）

岳峻南山壽。
軍威萬姓尊。

白聖法師八秩

白雲自在長生樂。
聖果修成不老仙。

慶雙壽八旬及結褵五十年

弧帨同懸登大耋。
椿萱並茂喜金婚。

嚴總統家淦（字靜波）八秩（七十三年）

靜養望聲。健康長壽。
波揚滄海。德被全民。

郭監委學禮八旬（字立亭）

立為仙鶴姿。
亭挺喬松壽。

其二

立論萬言。繩愆糾謬。
亭林千頃。翠柏蒼松。

唐繼彰親翁榮壽（七十五年）

大德得無量壽。
親翁有不朽名。

志和先生

志行徵宏福。
和平享大年。

修和先生壽

修身進德臻宏福。
和氣生春享大年。

蟠飛先生壽（八十一年）

蟠坐西方無量佛。
飛來南極老人星。

長生先生壽

長與蒼松爭健幹。
生成白鶴展仙姿。

高雪生先生壽

雪練喬松壽。
生成海鶴姿。

僑領八秩

僑鄉望重春秋永。
渭水名齊日月長。

羅發端先生八秩

發令施仁功在國。
端身養望福齊天。

蕭南山先生壽

南極星輝長壽愷。
山高品峻比康強。

何天澍先生壽

天生厚德膺鴻福。
澍降康民樂永年。

其二

天降仁人多壽愷。
澍稱霧雨及時歡。

孫如晨先生（雪泥格）

如南山之壽。
聞雞舞其晨。

叔（八秩）姪（七旬）雙慶

悠然杖國扶鳩笑。
卓爾垂綸釣渭閒。

其二

海屋並添籌。喜叔杖於朝。姪杖於國。
華堂齊祝嘏。頌日如其升。月如其恒。

夏華達先生八秩大壽

華公登耋齡。親演「貴妃祭酒」。
「麻姑獻壽」。
達人揮彩筆。妙繪「大肚彌勒」。
「千手觀音」。

孔容與美珍壽辰

孔懷容與仁人相；
美意珍當大德年。

王希堯學長八秩

希洽九如稱至德；
堯封三祝樂延年。

貫一、春枝賢伉儷八秩、七旬暨金婚雙慶

征戰八千里路。青模八面威風。系屬八口一家。欣逢八八節。伉儷八秩雙壽。八方親友歡聲頌。官場五十春秋。蘭桂五陵少年。允稱五義同堂。綜合五五配。金婚五旬恩愛。五福祥昌瓜瓞綿。

八十有八自壽

龍頭有屬、馬齒徒增，慚對寅朋稱米壽。
宦海息遊、瓊筵設宴，誠邀師友醉飛觴。

秋圃先生九秩

秋眉介壽歌天保。
圃藝於書樂澹如。

其二

秋水藝文塵不染。
圃師壽豈福無疆。

注：豈讀愷。

壽陳實欽仁翁九秩

實踐知行誠可貴。
欽明壽愷樂長康。

壽　父親安行九秩（七十六年）

四十年異地遠遊。深慚子職。
八千里寄聯祝壽。敬表孝思。

日人松口榮太先生
榮獲文化獎章暨九秩晉五榮慶（代）

文含正義真吾友。
年逾耄期不老仙。

其二

登大耄年。日增康樂。
得文化獎。迭晉邦交。

鄉前輩梁步雲先生百齡

耆碩人中瑞。
蓬萊島上仙。

呂母蕭太夫人百齡

金母期頤稱國瑞。
敬姜典範仰坤儀。

蕭太夫人百齡暨令郎一葦八秩雙慶

堂上萱榮九五福。
階前桂馥八千春。

其二

祥開大耋九如頌。
樂敘天倫百福臻。

其三

孟母齊賢。麻姑齊壽。
桑榆娛晚。萊彩娛親。

其四

母子雙星臻福壽。

梓君辣手著文章。

陳翰珍（字香貽）監委百齡

三台尊齒德。

百歲祝壽康。

其二

香。遠名高尊齒德。

貽。徽碩望祝期頤。

范母張太夫人守珍女史百齡榮慶

亮節坤儀。歡呼齊晉三多祝；

仙風人瑞。恭賀共題百壽圖。

（三）新居、喬遷

水泉先生華夏落成

水色山光臨畫棟。
泉清嶺峻好為家。

慶雲兄新居

慶集華堂。竹苞松茂。
雲騰高閣。鳥革翬飛。

卜庭喬遷

卜得芳鄰。居云仁里。
庭彌嘉蔭。室滿和風。

周雲超新居

雲連甲第星辰拱。
超脫塵寰境地幽。

周友南新居

友于兄弟家聲振。
南傍湖山甲第新。

有文喬遷

有耀門庭賀客滿。
文明棟宇喜鶯遷。

其二

仁里遷地佳。水如碧玉山如黛。
德人卜居吉。鳳有高梧鶴有松。

石柱先生新居

石奠良基。肯堂肯構。
柱支大廈。美奐美輪。

徐玉成老哥新居

玉堂富貴家聲振。
成竹胸懷事業昌。

莊秋賢新居

秋水長天。華堂集瑞。
賢材大器。敬業存誠。

石川君新居

石室翬飛光甲第。
山川靈秀蔚人文。

鄒芳榮與羅美娘新居

芳獻榮屋陶公業。
美譽珠娘孟母風。

陳水盛新居

水碧山明光甲第。
盛年茂業樂天倫。

林榮吉與香音新居

榮華第宅居之吉。
香火因緣報有音。

吳安宜與白文珠喬遷

安爾居之。文明仁里。
宜乎遷也。珠玉華堂。

梁志霄新居

志大投艱創業盛。
霄高畫棟卜居宜。

逸仙君新居

逸興逸才多逸品。
仙風仙骨樂仙居。

其二

逸趣何妨遊物外。
仙居不必出寰中。

林天彥喬遷暨雙胞胎彌月

天降雙麟誇俊彥。
鶯遷喬木慶翬飛。

坤賢與惠珠新居

坤元賢配家聲振。
惠日珠簾宅第新。

吳泰皓與邱瑞貞新居

泰適安居同皓首。
瑞祥有象共貞心。

趙懿銘與陳玉鳳新居

懿行銘言敦俗美。
玉樓鳳閣卜居安。

李漪嶸與陳玉浩新居

漣漪淡水崢嶸象。
金玉華堂淵浩居。

其二

家居屯麓溫泉畔。
人在祥和幸福中。

注：屯。指大屯山。

其三

好景還依屯麓美。
幽居長愛溫泉香。

林憲郎新居

憲行政美家安樂。
郎俊才高事順昌。

陳鼎新居

陳寔高名傳子貴。
鼎新甲第卜居安。

方景玉大導演新居

景行宏觀導以藝。
玉樓高臥居之安。

銘祺與伊雯賢伉儷新居

銘記錦堂。祺祥富麗。
伊居高閣。雯彩飛揚。

韓正銘與蔡淑如新居

正戶華堂延淑景。
銘盤明德永如新。

林義煊先生喬遷

義正明倫綿奕葉。
煊妍清境好安居。

王石三與張梅卿伉儷喬遷

石室堂開三事就。
梅園春暖卿雲蒸。

劉聰志與侯芳美喬遷

聰敏志修興業盛。
芳鄰美景卜居安。

劉超傑鄉長新居

超塵拔俗開懷朗；
傑閣崇山放眼寬。

贈退伍諸將士喬遷新村

一、贈任貫一上校

威虎軍權拋度外；
潛龍物望在田中。

二、賀楊惠林上校字天澤

惠仁驍勇英雄概；
林藪燕居晝錦榮。

其二

天道酬庸榮將士；
澤恩廣被及蒼生。

三、贈黃建元先生

棟宇巍峨宜豹隱；
湖山壯麗看鳶飛。

其二

東渡旂常大樹茂；
湖邊風月故鄉情。

四、賀吳文應中校

文武兼修稱大智；
應機立斷貴明思。

其二

披甲輸誠經往事；
歸田纂史步前修。

賀舜予兒新居93、9、18

舜有為焉欣立業；
予雖耄矣也寬心。

賀胡義峰學長新居

義正存誠昌德業；
峰高攬翠靄樓臺。

賀劉瑞雄新居

瑞日芝蘭光甲第；
雄才騏驥展鴻圖。

賀周雲超新居

雲蒸霞蔚輝新宇；
超俗清幽賦錦樓。

其二

雲路齊驅期遠大；
超人獨上樂時休。

嘉琳先生

嘉惠人群興業盛；
琳琅金玉滿堂光。

俊宇與麗絲新居

俊迺文胸襟宇量；
麗其質言語絲綸。

許正信與林秀園及文耀文豪二子

正直信言豪器宇；
秀華園景耀門庭。

段中央委員宏俊

八千里路卅年客；
一片丹心萬卷書。

徐玉成兄新居

玉宇瓊樓。好邀明月；
成胸養望。聊作花痴。

王希堯先生字亞哲

亞字雕欄。龍樓鳳閣；
哲人厚德。桂馥蘭馨。

三、哀輓

（一）輓幛（聯）

輓馬步芳先生（六十四年二月）

除敵寇而護中樞。懋績樹邊疆。廿載追隨。緬襄民政。
使異邦以敦教誼。辭官留域外。一朝怛化。痛失導師。

輓沈監察委員榮

國步正艱難。幸有賢能資諫議。
柏臺方倚畀。驚傳噩耗失忠良。

其二

留學自東洋。明刑弼教垂典範。
匡時執正論。激濁揚清失老成。

其三

國有經師。講法學。護人權。畢世勳謨昭簡冊。
民謌御史。探隱情。平冤獄。痛今柏閣失金剛。

治喪會輓陳監察委員訪先

戡亂賑災。遺愛人間昭九有。
整綱肅紀。垂名柏府足千秋。

輓夫君（陳監委訪先）代

廿餘載患難相隨。追懷誼篤情深。彈指光陰驚皓首。
一霎時死生永訣。此後形單影隻。傷心淚雨灑黃泉。

輓陳委員訪先

黨國正艱屯。賴政舉維張。糾謬繩愆伸正論。
典型留柏署。痛梁傾棟折。倚靈祭奠緬遺徽。

輓學界母喪

與令郎早年共事。寒舍仍毗鄰。美譽士林稱淑德。
享榮壽六秩三齡。瑤池驚赴宴。慈懷孟母著賢聲。

輓胡淳立法委員

經濟著長才。咸欽翊贊中樞。芬揚上國。
艱貞垂碩望。忽報雲埋江漢。風冷鯤臺。

輓魯宗敬同學

溯長郡同窗以還。雖因志業分飛。六十載過從。瀝膽披肝稱款洽。
往耕莘探病之日。正值壽辰八秩。片刻間會晤。愴懷話舊入彌留。

輓王監委贊斌

橫掃千軍。教戰有術。
清廉一世。正直無私。

其二

治兵罕見怪將軍。性養禪機。功精武術。
行憲以來良御史。心清若水。品峻如山。

其三

是真清官。是老長官。今昔追隨欽泰斗。
為御史慟。為將軍慟。感懷知遇失瞻依。

輓某同鄉

幼懷大志。壯展長才。畢生為黨國宣勤。早欽鄉邦俊彥。
壽近稀齡。官休數載。晚歲賦林泉清福。何期蒿里喪歌。

輓劉東巖先生（國大、蜀人）

愛青年。忠國家。精誠一片幾忘我。
輕名利。宏器識。風義千秋最感人。

輓夫君陳江山代

畢生創業殊多。曰政事。曰醫學。曰育才。鯤島著芳徽。為妾幸能分片羽。
相愛深情難盡。言隨侍。言治療。言祭葬。蒼天留至憾。哭君何以慰幽靈。

輓陳監委江山

是能志奮雲霄。記卅一春。謀解倒懸。枉遭入獄。卒因日寇投降。聲名遠播三台震。
突見光韜箕尾。歷廿八載。職司風憲。志切育才。永念柏臺獻替。醫教弘揚萬古流。

其二

以醫活人。而富熱忱。良相功高流百世。
執言仗義。自符眾望。嚴官澤被遍三台。

其三

病理精通。妙手奇方。默向人間施藥餌。
社風端正。建言造福。咸稱柏閣失貞賢。

輓齊國代勃然

論交五十年。猶憶枌榆遺愛。黍雨棠陰。早欽德政。
去國八千里。突辭壺嶠客塵。壇寒樞冷。遽失老成。

輓李阿添先生

此老足流芳。每於社會籌捐。攘臂高呼。輸將濟困。
賢郎能報國。常應友邦禮聘。行醫救世。親善外交。

其二

誠正慎勤。一介平民。淡泊利名殊罕見。
濟貧助學。永垂遺澤。熱殷公益實堪欽。

其三

斯翁福壽全歸。有子五龍。有女三鳳。
聞訃官民齊弔。其生也榮。其死亦哀。

其四

公壽八旬。頤養恬熙。方喜靈椿趨老勁。
我躬三揖。音容宛在。興歌蒿里動餘哀。

其五

我輩曷悲乎。誰將助學捐。並把貧人濟。
斯翁竟逝矣。霧鎖石門黯。風吹淡水寒。

其六

盛德實堪欽。遽成千古。
耋年空預計。尚隔兩秋。

輓鄧蕙芳監察委員

反清護法抗日。幾經受命臨危。智勇至今猶可佩。
守節撫孤助韓。惟望圖強濟弱。仁慈何處不堪欽。

其二

首開革命之花。夙欽穗市街衢。收埋英骸。
正享遐齡以壽。突訝觀音山麓。增列仙班。

其三

亮節清風。鯤島咸欽懿德。
懋勳偉績。人間痛失老成。

輓林德璽先生（湖南人）

畢世懋聲華。湘嶽鍾靈誇俊秀。
仲秋悲厄閏。海天孤憤感蒼茫。

其二

高誼更隆情。召我而來。別我而去。
清芬留懋績。宣公之牘。述公之文。

治喪會輓林德璽（召宣）先生

半生際會風雲。壯懷盡付東流水。
卅載憂勞案牘。書卷長留墨瀋香。

輓林召宣先生

國事感蜩螗。此志不容稍懈。
斯人獨憔悴。秋濤長咽最哀。

輓何國代聯奎

世局感蜩螗。天胡不留賢彥。
蓬山悲黯淡。人皆悼惜老成。

其二

靈鐘兩浙。表率群倫。故國正阽危。東來素志期興漢。
客寓卅年。魂歸三島。天涯共飄泊。北望王師誓滅秦。

輓甘立委家馨

學究孫文。知遇季陶。早歲投身革命。北伐南征。聲名遠播九千里。
首同辦黨。繼司風憲。至今入昴騎箕。東來西顧。交誼近稱五十年。

其二

往事鬱風雷。一代奇才欽濟世。
春雲黯海嶽。廿年舊誼慟斯人。

輓某夫人

教澤流徽。賢推巾幗。
婺星匿彩。駕返蓬萊。

王功林輓義父（王應生先生）代

教我輔我。匡而植之。以茲義重恩深。何異親生嚴父。
奉公崇公。祭與葬也。猶恐職虧禮忽。總期無愧孝思。

王曜廷輓義祖父代

客歲迎養時。繞膝承歡。願公公更健。
今朝悲逝世。跪靈涕泣。顧幼幼何堪。

輓鄉前輩王應生先生

留稿屏東。絕妙好辭。最是筆談三韻語。
輓歌台北。感傷欲涕。何堪蒿里二章哀。

其二

大雅云亡。園翠山蒼誰作主。
老成凋謝。鶯啼鵑泣總傷情。

其三

先我來臺。植樹造林培國本。
今公逝世。愁雲苦雨慟鄉賢。

其四

龍燕到蓬萊。公造山林。我從電力。
精神托箕尾。骨存靈塔。魂返仙鄉。

其五

植樹獻芻言。至今疊疊蒼巒。遙望高屏叨馥蔭。
臨風歌薤誄。此際瀟瀟暮雨。追思誰個不傷悲。

其六

遊宦到蓬瀛。且看林綠山青。猶留得卅年槐蔭。
歸魂還鄉梓。願乘長風破浪。好突破萬里間關。

其七

美化人生。長有遺徽垂後世。
神遊物故。那堪清酌奠靈幃。

治喪會輓曹監委啟文

風憲賴劻勷。鯤島棲遲。久望中興返隴右。
花朝驚萎化。雲山縹緲。痛揮客淚灑天南。

輓曹監委啟文

復國乃萬事先端。糾謬繩愆。亮節清風昭海內。
樹人為百年大計。捐貲興學。流徽遺澤滿河西。

其二

黨國共憂勤。早歲並傳驄馬史。
江山餘涕淚。今朝猶慟柏臺烏。

其三

伴我共糾彈。回數廿年。一別神遊極樂國。
哀公竟作古。剛逢三月。清明節雨正愁人。

輓陳監委丙南（字恩元）六十六年

志平天下。襟懷智勇奇才。更臨危不懼。受命不辭。赫赫聲威承八表。
身列柏臺。肩懍風霜重任。其體國之忠。秉心之痒。謇謇讜論足千秋。

輓段監委克昌

猺民叛亂勢洶洶。受命臨危。郭汾陽單騎探變；
吏治澄清聲諤諤。繩愆糾謬。包孝肅獨懍風霜。

輓曹委員承德

秦嶺叱風雲。倡婦運。曰育才。言參政。愛遺鄉梓綜多福。
柏臺宏讜論。探民瘼。揚正義。贊中興。魂杳雲山失精英。

其二

臺閩共憂勤。蓬島卅年心血盡。
江山餘涕淚。秦關百二海天遙。

其三

方為人上人。早傳秦嶺蜚聲。不愧三原女傑。
臨終七十七。留得柏臺清譽。難忘萬里關中。

輓某同學（同鄉兼親家）

居同籍。學同窗。情同手足。更絲附蔦蘿。幸託椿蔭分鯉訓。
志在航。業在海。功在邦家。忽哀傳蒿里。忍教鶴馭隔天遙。

輓岳父代

不我魯。不我愚。許中雀屏。更惠婿鄉叨庇蔭。
感公恩。感公德。驚聞薤露。何堪泰岱頓傾頹。

輓義父（交通界）代

親誼篤兩家。鸞子恩勤叨並渥。
康莊成大道。謳公業績感殊榮。

治喪會輓周監委財源

議席著宏猷。或探民瘼。或澄吏治。猶記正論伸張。肅然風采。
烏臺勤清獻。有功黨國。有愛鄉邦。那堪勞心猝逝。杳矣雲山。

輓周監委財源

農技早名家。業績昭然。長留鄉梓甘棠頌。
讜言酬故國。老成謝矣。愁聽柏臺烏泣聲。

其二

正論揚四方。諸為肅政廉明。謀民福祉。
斯人竟千古。獨賸淡江水碧。猴嶺風清。

輓胡璉（伯玉）上將軍

星槎任道遠。使越國。獻機宜。亂靖歸榮。大功應繪凌烟閣。
宿將本才雄。戍金門。遺棠愛。軍哀民哭。偉績長留太武山。

其二

勇者戍邊。領十萬孤軍。獨挽狂瀾回國運。
老兵不死。以古稀儒將。潛修戰史啟機宜。

輓父親——孔丹顏先生代

痛慈父一生。財儘其儉。業儘其勤。二豎已成災。百行總留遺憾事；
顧兒曹後輩。病莫能醫。老莫能養。千金難贖罪。寸心何以報親恩。

輓孔丹顏先生

丹心昭日月。保境安民。毀譽由人堪論定；
顏色照古今。捨家報國。孝忠自昔本難全。

其二

公其勇乎。平生肆志忠誠。為鋤奸。為扶弱。為保境安民。猶佩當年功績懋。
往者已矣。晚歲棲遲海嶠。能茹苦。能含辛。能課孫助子。那堪此日薤歌哀。

其三

與我為鄉親。回思港澳流亡。休戚相關持道義。
乃翁竟仙逝。悵望雲山縹緲。音容猶在慟人琴。

其四

大幕奮風雲。保土衛民。領導健兒同抗戰。
蓬山埋俠骨。蒼天碧海。掀騰巨浪弔忠魂。

其五

二豎成災。嘗盡年來疾苦。
萬方多難。何如天上逍遙。

其六

生經憂患人其傑。
歿葬蓬萊骨亦仙。

輓田主委亞丹（湖北人）

言贊中樞。議席蜚聲欽令範。
神歸天上。登堂致奠緬遺徽。

輓嚴立委紫巖

創制有成。夙欽言重樞衡。忠昭黨國。
中興在望。何忍魂歸天上。駕返道山。

輓夫代

卅載結褵。鶼鰈總情深。何竟夫君長別我。
滿堂誦佛。洞山非路遠。須知妾婦倘來人。

注：洞山。唐高僧良价禪師得道處。又稱洞山禪師。

輓陳監委雄夫（肇英字）

黨國共憂勤。糾謬繩愆。憶卅載頻親議席。
風雲同際會。劻勷開濟。痛片時遽返道山。

其二

江淅展旌旗。運際風雲。懋績早光開國史。
儀型垂椉範。世傳貞潔。直言久震議壇聲。

輓陳監委肇英

仰　總理志切加盟。綜先生諸偉蹟。苦讀也。力田也。從軍也。革命也。繼而護法討袁抗戰及支持戡亂。歷數十年堅守勿踰。開國英豪真不愧。
與　領袖交稱知己。集文武於全身。博學之。審問之。明辯之。篤行之。更以馳驅輔翼匡襄至糾謬繩愆。痛三餘載沉疴莫起。傷心元老漸無多。

輓魏伯聰（道明字）先生六十七年

有藺相如申不害之修持。歷掌司法外交。謀國高風崇月旦。具羊叔子謝東山之雅範。夙佩韜光養晦。愴懷耆宿數晨星。

治喪會輓石孝岑先生

飄零斷稿殘篇。空餘才澤。愁聽蕉風椰雨。盡屬哀思。

輓石曉陽（孝岑字）先生

才思有誰如。遽惜廣陵成絕響。謙懷知我厚。頻來寒舍囑濡書。

輓義母代

與吾妻蘭砌相依。恩誼劇同母女。猶堂上萱花頓萎。哀思難報春暉。

輓同鄉

投筆共從戎。相期報國兼復國。騎箕今入昴。獨自榮家到仙家。

輓王代表西清

少同學。壯同遊。五十餘年共襄國事。
家在皖。人在莒。八千里外遽赴泉台。

其二

同籍復同遊。卅載軍中。賫志共抒華國難。
在台如在莒。一朝令下。興觀猶待故鄉還。

輓姑媽

懿訓總難忘。誼篤先姑惟我厚。
慈容今頓杳。心傷猶子更誰如。

輓蕭監委一山

清史名家。讀賸稿遺篇。述作揚芬貧後進。
柏臺楨榦。想諍言讜議。蒼茫憑弔哭先生。

輓堂弟服役海軍

海上值勤。一夜頓悲風月冷。
樓船待發。三更忍聽鷓鴣啼。

輓段委員克昌（字筱峰）

朝野欽崇。仗義執言多可法。
襟懷坦蕩。與人為善足堪矜。

其二

黨國效忠貞。鞠躬盡瘁。
議壇申正論。謇諤揚芬。

其三

先生受命臨危。運軍實於陣線之前。撥民糧於滇昆之後。決勝操奇。勳華卓著。
賢者高風亮節。論修持則甘居其淡。登議席則仗義其言。清標直道。典範猶存。

其四

讜議蜚聲。自京而穗而臺。績著謨猷。晚歲猶雄匡復志。
平生樂道。居處以安以淡。望隆朝野。胡天頓喪老成人。

其五

膺重寄於滇昆。運籌策於帷幄。決勝算於後勤。勳績應圖麟閣上。
為蘭臺之御史。探里巷之隱瘼。張邦國之風憲。清操猶見豸冠尊。

輓父親代

遽讀蓼莪詩。招魂抱痛盈眶淚。
永懷椿庭蔭。守制難忘愛日情。

輓同寅

往事奮風雷。一代豪雄。公忠黨國。
隱名棲海嶠。卅年交誼。痛失老成。

輓林全福先生六十七年一月

早歲政聲。遺徽足式。
畢生善行。盛德可風。

輓夫君聶治安代

黨國憂勤五十年。冀望禹域重光。白首相隨還故里。
夫妻恩愛廿餘載。何堪死生永訣。青山旅瘞哭良人。

輓父親　聶治安大人代

念我父一生。財恆儉。業恆勤。椿蔭恆深。愛日雖長時已矣。
慟兒女後輩。年未成。學未就。烏私未報。春暉頓杳痛何之。

輓聶雲亭（治安字）先生

湘鄂本一家。背井離鄉同是客。
畫圖成千古。遠山淡水總傷神。

輓蔣光前先生美聖若望大學副校長

光大中華。名揚若望。
策封聖爵。美媲前修。

輓羅仲若先生

懋績昭垂。遺愛早傳桑梓地。
老成凋謝。傷懷愁聽薤蒿歌。

輓文教界

憶昔日教澤長敷。杏壇著績。
剎那間文星遽隕。魯殿韜光。

輓菲僑領蔡文華先生評議委員

革命建宏謨。勳留黨國。
立身著高節。望重僑鄉。

輓邱立委有珍（友錚）

憂國憂民。忠勳足式。

立言立德。讜議流徽。

雄才終報國。黌宇樹人。議壇定法。

大老遽辭塵。烽烟猶漫。風雨同悲。

輓夏功權太夫人

抗戰正艱危。輸財報國。教子請纓。夙仰母儀天下。

中興猶在望。婺宿韜光。瑤池返駕。何堪慈竹風淒。

輓周評議委員天翔原華視總經理

播業長留傳。偉抱宏謨昭眾聽。

令名垂不朽。中興在望緬遺徽。

輓王秉鈞（字化南）評議委員

黨國著勳猷。久仰議壇尊碩彥。

蓬瀛驚鶴馭。從茲魯殿失靈光。

輓段仲明先生

忠愛可欽。不堪別子拋妻。三開鐵幕港臺會。
勳勞退隱。正享遐齡清福。永訣塵寰風雨悲。

輓日新先生

閩臺貿易。決勝操奇。信譽昭彰稱管鮑。
事業輝騰。老成遽謝。商場暗淡失陶朱。

輓男喪

大雅云亡。典型猶在。身騎箕尾歸天上。
老成凋謝。言行可師。德著鯤台裕後昆。

輓太岳母代

甥館列孫枝。名門幸坦東床。喜得帡幪托重蔭。
慈幃摧祖竹。仙馭遽歸西土。空教涕淚灑千行。

輓陳子畬先生

矢慎矢勤。早佩度支留楷範。
立言立德。更謀方策贊中興。

其二

從公以竭智盡忠。風徽足式。
報國而精心謀策。志行堪欽。

輓張目寒（字雪盦）先生

秘笏早參。更佩柏臺留政績。
論交惟厚。何堪蓬島弔鄉賢。

輓陳母黃夫人

天上列仙姑。青鳥已邀跨鶴去。
人間失陶母。金梭停織化龍飛。

其二

蓬島有聲沉寶婺。
菩提證果現蓮花。

其三

綽有餘暉。教忠教孝。
了無遺憾。全受全歸。

輓昭數先生

八六享高齡。五代同堂。尊稱大父。

一生多盛德。九疇洪範。望重僑鄉。

輓致德先生

具濟世宏才。有惠於民。有功於國。

懷救人大志。其行可表。其德可風。

輓曲淦晨先生

為國拓財畢一生。清廉堪譽。

論交渥誼卅餘載。車笠難忘。

輓許清懷先生（救總組長）

胞與為懷。救難不忘勤獻替。

中興在望。收京未覩惜歸真。

輓范品瑤先生

有哲嗣顯親名。弼教明刑繩重任。

欽鄉翁多盛德。耄齡厚福應全歸。

輓劉挺生先生空軍中將侍衛長字牧群

威震長空。功昭麟閣。
侍忠元首。績著旂常。

輓張母吳夫人

懿德堪欽。梁妻陶母。
坤儀足式。郝法鍾型。

輓某先生

德裕後昆。有子謀猷皆大用。
星沉南極。斯翁福壽竟全歸。

輓王鄉丈紹旦（字子英）先生係陸軍少將退伍

晚餐嘉會記從頭。囑他日重逢。恨今朝離別；
一部聖經捧在手。頌耶穌復活。救世人永生。

輓范澤山先生

江山萬里心。同客忍揮今日淚。
風雨一杯酒。傷時猶眷故人情。

輓陳母黃太夫人

相夫造福枌榆。教孝教忠。咏絮以來。賢母口碑推楷範。
皈佛遐居天國。成仙成道。拈花而去。東舠客弔慟哀思。

輓丁監委俊生六十八年二月

擘劃籌邊。將軍韜略英雄膽。
憂勤肅政。御史風標冰雪操。

其二

生有自來。為民請命。謇諤風標。碩畫藎籌當世重。
死無一語。臥榻彌留。皈依仙佛。清操雅範古來稀。

其三

柏署襄勤。三晉高風長足式。
新春溘逝。大屯飛雪不勝寒。

輓古樵先生

匡濟樹勳猷。任效軍稍昭懋績。
中興隆獻替。悲傳議席失耆英。

輓楊母鄒夫人

殘暑新秋。霎時溘逝神魂杳。
芳儀令範。千古長昭彤史光。

輓挺起學長暨蔡嫂張夫人

六十載論交。肝膽相照。獨欽壯志昂揚。早見龍驤為俊傑。
卅餘年契闊。疆場倡隨。更仰丹心互勵。驚傳鶴馭失知音。

輓義母

蘭砌昔相依。渥荷深恩同保赤。
萱花今倏萎。感懷遺訓斷垂青。

張效忠輓譜兄陳福如先生代

道同術。志同方。契洽芝蘭。異姓猶如親手足。
交愈長。誼愈厚。悲深蒿薤。香花致奠弔忠貞。

輓醫界

醫術賴昌明。良相活人風義重。
德行終獲報。克家繩武子孫賢。

治喪會輓丁監委俊生

三晉耆英。如來佛子。俠骨柔腸多善舉。
卅年風憲。一榻彌留。霜臺雪操緬遺徽。

輓丁監委俊生

聞疾甫三天。一榻彌留。側身不語驚安息。
來臺經卅載。八方未靖。歸魂為問竟何之。

輓阮芳華老師

不傳訃。不荼毗。不麻煩公祭。遺言在耳。淨土一坏真是佛。
愛清風。愛明月。愛大好林泉。環水屏山。夜台千古獨長眠。

輓魏德膏老師

溫良恭儉。清白乃心。戎幕近卅年。淡泊利名明志遠。
簞食瓢飲。巷居其樂。噩耗傳此日。飄搖風雨慟師尊。

其二

解甲退思。於利於名都不問。
春風化雨。曰恩曰義總關情。

輓雷儆寰先生

倡民主。論自由。人是人非都不問　風範常為當世重。
繫囹圄。罹痼疾。言黨言政盡成空　清操應與昔賢齊。

輓夫君雷震代

夫君臥榻長年。採中藥延西醫。詎料靈方難卻病。
鴛譜訂盟百世。竟日思復夜夢。還期妙術返忘魂。

輓父親雷震大人代

抱恨竟終天。齊哭椿庭。蓬山寒雨風雲暗。
奉安歸何處。遙瞻梓里。閩海汹濤涕淚多。

其二

父病莫能興。稚兒幼女將安仰。
母慈雖訓誥。弟泣妹號總不知。（么兒么女輓）

輓岳父及父親（雷震）代

恩義總情深。敬戒難忘。婿哭女啼齊灑淚。
風操遺範在。音容頓杳。羈魂旅櫬最傷心。

輓母親代

一病莫能興。男遠遊女外適。奉藥未週終抱恨。
三年當泣血。執竹杖服齊衰。愴懷難報此深恩。

輓繼母代

繼先母其遐升乎。何止傷心一哭。
愛若生如骨肉也。應同泣血三年。

其二

愛若所生。恩同親母。
喪奔阻道。制守遐方。

治喪會輓陳母鄭夫人

淑善具多才。教孝教忠傳內則。
息歸無一憾。佳兒佳婦翊中興。

輓吳立委祥麟

著述畢其生。玉律金科多巨製。
法規賴以立。安邦定國有遺徽。

輓妻代

五十載夫妻恩愛。共經困苦艱難。多賴育子成材。助余奠業。
刹那間生死分離。回念溫良賢淑。空從燈殘風雨。枕繞夢魂。

輓岳母代

三湘遊子。喜獲乘龍。泰水渥深恩。竊記趨陪承荻訓。
一笑拈花。驚聞馭鶴。婿鄉慚缺職。空從慟悼賦蒿歌。

輓母親代

少嬌柔。長罹疾。而今幸福姻緣。全仗母慈資覆蔭。
步履健。口味香。以此安祥羽化。皆歸佛庇感神靈。

輓段立委純之

滇國運籌。幕府談兵。勳名留百世。
大江抗敵。議壇讜論。威望並千秋。

輓陳榮芳先生曾任廈門市長

布政仰長才。猶記廈門棠蔭遠。
栖臺失知友。不堪蓬島薤歌哀。

輓林國大蔭民曾任縣長

海嶠戍邊陲。允矣功勳棠蔭遠。
中樞資翊贊。直哉讜論弼匡時。

輓張代監察院長純漚

政事與文章不朽。
風裁並詩教揚芬。

其二

烏府仰寅恭。允矣直聲隆獻替。
騷壇資管領。泠然高詠滿湖山。

其三

天不憖遺。數邦國老成。又弱一個。
言真可立。僅名山事業。已足千秋。

其四

十日兩文豪。岫老已云亡。蒓老又凋謝。
卅年同御史。吾人喪舊雨。國人失元良。

注：岫老：指王雲五先生

輓張維翰監委

墨瀋猶新。片羽瘦金藏最貴。
風徽永在。耄齡清望仰彌高。

輓王雲五（岫廬）老先生

學貫中西優則仕。
名垂千古德而尊。

其二

沒庠校。沒文憑。學徒而為博士父。
有倡明。有道德。大老云亡國人師。

其三

或教育。或出版。或著述論評。畢生事業宏文化。
愛國家。愛民族。愛林泉勝地。長伴如來聽福音。

輓王文濤先生

交訂忘年。憶東渡鯤臺。仁術仁心勤濟世。
時當九月。慟西歸鶴化。秋風秋雨更愁人。

其二

煙雨淒迷。萬里家山凝血淚。
音容寂寞。一灣淡水盡哀聲。

治喪會輓高監委登艇字少航

執憲護朝綱。溯昔年節鉞宣猷。正色讜言。士庶咸欽包孝肅。
含飴娛晚境。看今日芝蘭挺秀。清心樂命。耆英群仰富文忠。

輓高監委少航

貴為御史。儉若通儒。風裁三十年。其趨公體國。忠矣。
幼譽賢英。老推耆彥。披覽五千卷。而窮理致知。佩哉。

其二

張風憲以宣國猷。早歲威為驄馬史。
肅官箴而申讜論。今朝痛失柏臺烏。

其三

兩袖清風。一肩行李。在陋巷泰然自樂。
有為勿恃。獲功勿居。淡名利卓爾高操。

其四

速記著名家。讜論萬言。具生花筆。
憂勞忘痌瘝。鞠躬盡瘁。永式儀型。

輓柯滌塵夫君（公車肇事而亡）代

患難昔相依。愛爾室。愛爾家。回首殊多成往事。
風雲今仍惡。死非時。死非命。斷腸竟作未亡人。

輓父親柯鵬大人代

大故自天來。慟哭椿庭。蓬山寒雨同揮淚。
奉安何處去。遙瞻梓里。江漢愁雲欲斷魂。

其二

幼女幸得溫身床。鞠育提攜。降此宏恩承厚澤。
先君好送愛心傘。坦途健步。飛來橫禍慟喪生。

輓岳父柯鵬大人代

恩德見情真。敬戒難忘。何幸婿鄉親棨範。
慈顏辭我去。蓬瀛暗淡。那堪此日失瞻依。

輓誼父柯滌塵大人代

木壞山頹。心傷欲碎。
風高義重。德不能忘。

輓柯鵬（滌塵）先生

避亂到蓬萊。台電卅年叨馥蔭。
辭塵歸閬苑。香花一瓣弔英靈。

其二

上天何不憖遺。看惠澤長留。有口銘碑皆是淚。
晚輩正殷屬望。痛騎鯨竟去。今生眷顧更誰人。

其三

梓里式儀型。以胞與為懷。應享大年綿百歲。
鄉親多照拂。奈老成遽謝。長留盛德自千秋。

其四

齒德兼尊。猶執謙沖延後輩。
風儀足式。尚留聲望在人間。

其五

秉性總達觀。夙欽龍馬精神。老而彌健。
上天胡弗憖。遽降軸轤凶禍。慟不勝悲。

其六

桑梓敬恭。物與民胞留惠澤。
老成凋謝。江雲海水盡愁思。（陽新同鄉會輓）

輓駱萍踪先生

在梓里育英才。在域外宣僑胞。棠愛遺民隆德望。
於去秋罹肝疾。於今春蒙主召。海隅驚訃動哀思。

輓某代表

為黨國幾忘身。公忠不二。
翊中興於議席。謇諤揚芬。

輓黃母金夫人

湘江負才名。更欽三萬里挽鹿相夫。廿餘載丸熊課子。
蓬島歸仙駕。堪嘆百年期多情鴻案。一夜裏中斷鸞絃。

輓屠忠訓先生演藝人員

影藝足流傳。壯歲宣猷酬壯志。
英年正奮發。一朝橫禍失長才。

輓姪—灼明代

少者歿。長者存。數其難測。
天之涯。海之角。情曷以堪。

輓僚屬

矢志忠勤。盡其天職。
壯年猝逝。痛失英才。

輓世弟代

卅載過從。兄弟相親如手足。
一朝怛化。傷悲何已奠椒漿。

輓蕭灼明弟代

共被嘆空牀。春草池塘難入夢。
異鄉傷折翼。秋風鴻雁不成行。

輓蕭灼明叔代

叔氏分為尊。韻起吹篪。至教常叨猶子感。
家山離固久。情深似海。臨終仍念凱歌還。

輓蕭灼明盟兄代

道同術。志同方。契洽芝蘭。異姓情如親手足。
患未平。國未復。魂歸江漢。故鄉惘見舊家園。

輓楊母鄒夫人

殘暑新秋。霎時溘逝神魂杳。
芳儀令範。千古長昭彤史光。

輓夫君—曹德勛先生代

廿年中夫倡婦隨。鶼鰈情深。何可忍心離我去。
一室內兒啼女哭。豚犬哀極。不堪回首慟人亡。

治喪會輓曹德勛先生

請纓報國。效命憲兵。民保軍師懷楷範。
退役業工。積勞萎化。海潮江浪盡哀聲。

輓曹德勛鄉兄

華北除奸。雲南討逆。鯤島練兵。福山宿衛。卅餘載患難相隨。推食解衣惟厚我。開車營業。退役未休。忍饑不怨。苦節丕堅。一夜間幽明永隔。寒風冷雨慟斯人。

輓徐柏園先生

理財謀國。政通仁和。功勳早勒昭惇史。身退林園。仙歸閬苑。議席那堪少故人。

輓張國維（字自平）副審計長

運會兩年前。同遊大貝名湖。春秋高閣。憶先生文質彬彬。溫而可敬。時維十月暮。堪嘆老成凋謝。楨幹傾頹。覩此日風雲暗暗。哀且亦傷。

輓張自平先生

志節秉忠貞。早佩度支昭懋績。老成遽凋謝。長懷風範弔斯人。

輓葉公超先生曾任外交部長及駐美大使又屬名畫家

品同冰雪操。人有狷狂氣。追憶白宮覲見。縱談天下事。稀也。齋會多聞友。壁懸寒鴉圖。坐觀疏雨愴懷。堪嘆孤舟去。杳然！

其二

學優則仕。仕優則學。神思敏捷欽倚馬。
怒氣寫竹。和氣寫蘭。風骨嶙峋杳化龍。

其三

外交帥才。文藝奇才。勳猷卓著昭惇史。
劍橋碩士。國際名士。典範猶存見采風。

輓趙主任委員孟完（聚玉字）（國軍退輔會）

三軍袍澤賦歸田。輔之導之。鞠躬盡瘁。死而後已。
萬里星槎落異域。哭也歌也。盛德永昭。民不能忘。

其二

遺愛留人間。黍雨棠蔭。咸歌盛德。
循聲遍朝野。嶽雲海浪。盡屬愁思。

其三

展經濟雄才。盡瘁以身。有功於國。有愛於民。斯人卓著千秋業。
綜生平偉績。略書其事。或拓外交。或安社會。信史長留百世名。

輓金幼翰（維繫字）監委七十年二月

比鄰夙昔最關心。卅載過從。長留回憶。
邊政資商惟鼎力。一朝怛化。莫盡哀思。

輓陳兩貴先生民進黨

於堅決反對異族專制而奮鬥一生。此志不渝。更值艱危昭膽識。
當臨終猶以民主政黨之制衡為念。其人雖逝。冀憑靈爽倡自由。

輓陳監委達元

在族好宗親。在政廉御史。
其人長安息。其德揚清芬。

其二

畢世懋嘉猷。前觀閩疆。後觀鯤島。
居官多盛德。是老御史。亦老黨人。

其三

閩海震威聲。柏臺留清望。
哲人驚怛化。故舊動哀思。

其四

烏府有聲。讜論夙傳皆正直。
哲人其萎。海濤頓作盡哀號。

輓熊念祖先生

維偃武之身。闢藝廊以宏揚文化。片羽吉光留偉績。
當暮春之月。聞噩耗而頹喪舊雨。猿啼鵑泣寄深悲。

輓王雪艇（世杰字）鄉前輩曾任外交部長、總統府秘書長

惟公歿猶存。國則為元勳。鄉則為耆宿。世界則為名流。功業文章垂不朽。
憾予生也晚。深不見江漢。高不見華嵩。淵瀓不見滄海。光風霽月仰完人。

其二

德與文章。長垂不朽。
國之大老。痛悼云亡。

趙孟完主任委員

對軍人退輔有方。導之公。導之農。導之工商。一片愛心遺馥蔭。
為自己設思何算。忠於黨。忠於國。忠於盟友。畢生志業可絃歌。

其二

輔建有勳功。此去震驚中外。
精神應不泯。再來造福邦家。

輓曹曙光鄉長七十年七月

國亂望中興。總思壽永還鄉里。
天炎傳噩耗。痛失老成返道山。

輓無那世叔代

一生亮節清操。會盟軍殲寇。登議席敢言。大筆尤驚風雨至。
三代世交梓誼。為先嚴幕賓。是通家夙好。舊游縈夢感懷多。

輓某太夫人冥誕七七年三月

守節六十年。茹苦含辛垂母範。
撫孤兩千日。蘭薰桂馥耀門楣。

謝晉元將軍九十週年冥誕

孤守四行真鐵血。
長存浩氣大將軍。

注：四行。即上海四行倉庫。

其二

壯士八百、英名不朽。
將軍大樹、浩氣長存。

輓李丈鴻緒（字棟材）先生59、2、8病逝三軍總院

道山琴劍遽捐棄。際此佈奠傾觴。倍切哀傷。
海島杖履常追隨。猶憶執經問難。多承教誨。

輓姚試委夫人張美月教授91、12、7

習英科以講學上庠。職兼挽鹿相夫。和丸教子。
主中饋而親操井臼。痛念積勞辭世。返璞歸真。

輓石嫂帥夫人七十一年

垂範具相夫報國之功。忠愛本同源。自古以來多並列。
教子繼斷杼和丸之苦。孟歐齊媲美。觀今更與罕為儔。

擬黃副院長尊秋輓孀母太夫人

娣氏倍劬勞。守節扶孤。課讀勤耕崇儉樸。
慈暉叨庇蔭。推恩猶子。提攜呵護仰瞻依。

輓陳委員翰珍夫人劉女士

心血瘁平生。創幼院。闢書樓。典飾儲金資勵學。

唱隨襄國事。游蓮幕。膺講席。和熊挽鹿仰遺徽。

輓李母譚（壽富）太夫人（係李棟材丈之夫人58、4、6逝世）

相夫為法律家。教子為林業家。欣看蘭桂騰芳。舉案齊眉全福壽。

探病在正月節。逝世在清明節。那堪風雲黯淡。營齋祭奠最傷悲。

輓魏崇良上將軍

自三中分道揚鑣。獨奮鵬程。銀翼翔空同景慕。

從大陸來臺退谷。維恭梓里。長城怛化共哀思。

黃副院長尊秋輓胞弟尊萬

列雁序以我居前。猶憶愛敬永恒。艱辛彌勵。手足情深無倫比。那堪翼折斷行。荊樹秋風魂不返。

賦鴿原其人何處。茲因殷勤報國。盡瘁忘身。公忠心切有誰如。從此牀空共被。池塘春草夢難通。

輓監察院蔡秘書長式璜（碩字） 73年12月

秘閣歷三秋。左右長隨。常以拙書承謬賞。
烏臺經十稔。栽培不次。每逢佳節倍關情。

挽義子七十四人一月

抱負有雄才。廿年計劃研科技。
痛心飛轂禍。一命喪生失義兒。

輓鄒月波（省三）鄉前輩

與令郎有共硯之緣。海嶠論交。誼同叔侄。
維大德立千秋之節。哲人已遠。痛失儀型。

其二

義不帝秦。逃港澳。渡蓬萊。身還祖國願。
仁能興夏。振軍威。平戰火。魂返富川門。

其三

問疾僅兼旬。衰耗驚成千古恨。
論交逾卅載。知心痛切斷魂時。

輓丁挽瀾將軍（湖北人）

是金吾。亦金剛。智勇雙全功在國
仰風儀。垂風範。仁慈獨厚德為師。

輓楊　璞先生

戎馬畢生。赤膽丹心忠黨國。
豪情好善。和鄰睦里愛親朋。

其二

忠勇報邦家。戎馬畢生能有幾。
林泉安福壽。身心俱泰遽遐昇。

輓王功林先生

戰火遍神州。收復毋忘宏願了。
極星沉客路。彌留猶眷次子歸。（次子曜顯因病失踪半月未歸）

其二

客路云亡。卅年未遂收京願。
還鄉成夢。暮歲難將次子尋。

其三

愛心又是忠心。勤儉持家。精誠報國。
世誼更兼鄉誼。情深東海。淚灑南天。

其四

壯志年方強。猶記先同造山林。繼共營台電。
哲人日已遠。而今縱登極樂國。仍念不歸兒。

陽新旅台同鄉會輓王功林鄉友

壯志凌雲。義行可風。應宜壽享齊眉。尋子神喪驚怛化。
返鄉無計。興邦多難。遽爾魂歸撒手。悼君營弔最傷情。

輓鄧嫂吳夫人

可敬可風。溫勤早譽閨中秀。
曰慈曰禮。賢淑長留閫內型。

輓張大千國畫大師

八德八徵。名高八大。
千山千水。藝足千秋。

張效忠輓蕭炳公鄉長七十六年十一月

卅載締神交。論私為鄉誼。論公為長官。患難最相關。難逢知己。

一生盡職守。立功於國家。立德於社會。中興欣在望。痛失斯人。

吳委員大宇輓范大法官馨香代

女權開風氣之先。夙佩明刑。崛起豸衙宏大法。

世亂痛中興未睹。空懷蓋抱。豈徒閫範黯徽音。

輓內兄

以長兄兼父職。平時家務獨撐。更託絲蘿承厚愛。

傳噩耗於初冬。此後埓鄉失寄。何堪甥館倍欷吁。

輓蔣總統經國先生七十七年一月

匡濟並開來。夙崇智仁勇兼資。器度恢弘。平實風徽昭海宇；

憂勤驚殂謝。追思功德言不朽。民胞慟悼。哀號雨泣動寰區。

輓董母柯太夫人

苦節撫孤。義方垂範。畫荻與和丸。機杼如聞懷往昔；

明刑弼教。衣錦難歸。思親惟報國。奠齋遙設表哀傷。

張效忠輓表叔（七十八年）代

姻婭亦鄉親。卅餘載情誼彌深。患難相隨來寶島。
噩音傳怛化。近數年醉歌不輟。逍遙極樂上天堂。

陽新旅台同鄉會輓成惕軒先生

畢生歲月未曾閒。傳經世學。拔匡時才。著等身書。解災胞難。
昔日風徽仍宛在。立藻鑑功。揚文教業。造桑梓福。留不巧名。

劉周才輓成惕軒先生

作不朽文章。一代鄉賢驚溘逝。
享遐齡壽福。千秋德範仰遺風。

阮民卿輓成惕軒先生

著文章。量英才。是皇華大筆。
敬桑梓。救難胞。乃楚寶善人。

蕭國漢輓成惕軒先生

望重名高。有功於國。有恩於里。
兄交弟及。憂飢推食。憂寒推衣。

輓墨堂先生

為黨國幾忘身。公忠不二。
翊中興於議席。謇諤揚芬。

輓成惕軒鄉丈

回首憶前塵。公識淺材。栽培不次。
傷心垂老日。我非大器。慚報無多。

輓吳桂齋老先生

抗建正艱難。績著故鄉游擊戰。
忠貞誠不二。來歸祖國享耆年。

輓蔡監委孝義

與夫子分司風憲於柏臺。繩愆糾謬動名著。
看諸郎盡是精英之國器。桂馥蘭馨懿行光。

輓夫君七十九年代

憶結褵二十餘年。鶼鰈情深。何忍哀顏拋我去。
正炎夏六月既望。夫君鶴化。爭教白首度殘生。

輓程立委滄波

特立而獨行。風骨嶙峋甘澹泊。
文人兼雅士。琴書零落感凄清。

輓繼父代

鞠之成長。育之成材。恩勤罔報騎鯨去。
老未奉安。病未奉藥。罪孽何從竭烏私。

輓段母李太夫人

立命繫綱常。雖身處亂世而不驚。坤儀偉矣。
隆家資聖善。有子贊中樞為重任。世論榮之。

輓李相國鄉弟八十年

鄉里若毗鄰。應道如弟如兄。猶憶童年還共被。
天涯同作客。胡因患得患失。那堪黑夜遽歸魂。

輓源監委廣揚

深明大義。糾其謬以彈其非。導貪以正。
廣探民瘼。忠於公而憂於國。盡瘁而終。

輓向君演員本名沈小惠

演藝足千年。詎知「吾家有女」。空留「追憶」。
歸真逢九月。痛念「秋水伊人」。淚灑「綿山」。

注：文中「吾家有女」、「追憶」、「秋水伊人」、「綿山」等均為其參演之電影片名。

輓李有德老伯

與令郎並肩作戰。患難相隨。同戍金門曾報捷；
惟阿伯視姪猶兒。靈椿頓萎。難忘馥蔭仰遺徽。

注：李老伯係水圳君之令尊。四七年李君於新兵訓畢。隨余遠戍金門、同時參加「八二三」戰役。嗣砲戰稍停。余因公返台。受托先過李府。一報捷音、一報平安。老伯喜之、愛我倍常。

輓梁培荷將軍（八十二年）

問疾瞬經年。噩耗傳來驚永訣。
立功稱大樹。將星隕落倍哀思。
三萬里追陪。患難相隨。惟欽謀略足多。早見龍驤為大樹。
廿餘年生聚。艱辛共濟。正待和平統一。忽傳鶴馭喪將軍。

輓張德賢先生

德高藝亦高。雀戰四君子。
賢相壽其相。口碑一善人。

輓劉啟鍵先生

廿載論交。於私情公誼。憶昔輾戰疆場。患難最相依。難逢摯友。
一生盡職。不爭利居功。際茲統一階段。老成遽凋謝。痛喪良朋。

輓何南史（㕣）會長中華詩經研究會

詩壇祭酒。獨領風騷。卅年竭慮殫精。宣揚文化遊中外。
柏署居官。早參蓮幕。滿架殘編賸稿。悵望人琴返道山。

輓張志遠鄉長

桑梓敬恭。居台灣勤會務。返鄉里忙建設。
老成凋謝。存事業於世間。留名聲在人群。

輓馬紹波鄉長農曆85、6、5逝世

春正聚滿堂。以告別致詞。詎知一語竟成讖。
夏暮驚辭世。其畢生忘我。想望高懷更與倫。

輓陳前監委員翰珍（香貽）

謇諤高風鎮烏臺。卌二年肅政匡時。功勳不朽；
期頤碩望尊人瑞。八九種微言大義。掌故尤多。

輓某君車禍亡故

霹靂一聲。兩命同忘。喪賢郎也喪我子。
哀傷無盡。二家共難。慟老母復慟妹兄。

輓熊梅青學長八十七年三月十日

學術邁等倫。志氣昂然。每以績優推楷範。
陸台將統合。英雄逝矣。長懷敉靖有勳猷。

輓曹勝芳鄉長

避災逃港而就業來台。妻賢女孝團圓樂。
供職抒忠以屆齡致仕。養性修身品節高。

其二

避亂滯香江。丁時烽火漫天。共矢精誠投祖國。
安居棲寶島。正值耆年獲福。胡為凋謝悼斯人。

輓郭燦輝先生

勵學誠心。函授切磋同款洽。
沉疴辭世。驚傳噩耗倍欷歔。

詹雪青輓郭燦輝先生

車笠締神交。榮認令郎為誼子。
老成遽萎謝。長懷大德弔英靈。

高遠燊輓義兄郭顯才

誼屬鄉親。情如手足。自出蜀、至申、而東來寶島。時時置腹推心。風雨同舟共疾苦。
功留黨國。譽滿中臺。數折奸、靖亂、繼保衛金門。處處堅強勇毅。英雄逝世倍哀傷。

挽瀾籃球隊之友輓郭燦輝隊長

燦爛人生。即以任教、治軍、暨經營商務。允稱立業有成。樂觀遂意。
篤深情誼。洽如弟兄、手足、及患難友朋。總是披肝瀝膽。共濟和衷。

輓劉監委延濤

藝苑揮毫。書畫與長髯並美。
霜臺問政。讜言共清望齊名。

輓周鄉長幹才上校軍法官、副典獄長

幹局為懷。整軍飭紀。據於法。依於仁。恩威並濟。
才華超眾。亮節高風。德不孤。名不朽。道範長存。

輓馬前委員慶瑞（字兆蘭）

執事敬。與人恭。一介謙謙君子。
肅朝綱。澄吏治。獨行諤諤諫官。

輓蔡母倪夫人

避亂局而離故鄉。千里唱隨。挽鹿同心留愛日。
是賢妻亦為壽母。一生儉約。歸天無憾隱婺星。

蔡鼎新批：輓聯篆書為眾聯之特色。而聯句工整。尤勝一般。

輓金監察委員越光

勤獻替而整飭奸邪。令譽鐵頭。不避勢權打老虎。
戒奢華以力求實用。清廉鯁性。獨持風骨震烏臺。

輓劉周才夫人許秋霞女士

夙欽閫範垂型。賢稱巾幗。
驚報婺星匿采。駕返蓬萊。

輓譚上校冀武先生原名談寶馨字止戈。因骨癌病逝八十九年六月三日享年八十歲

回憶盡忠謀國。或馳騁沙場。或保衛層峰。氣度恢宏。是英雄本色。
繼經退伍歸田。若吟詩作畫。若蒔花弄鳥。胸襟灑脫。亦隱士高風。

張效忠輓妻洪碧蓮女士

結褵四十春。鶼鰈情深。尤佩勞苦不辭。獨持中饋興家業。
罹疾旬餘載。軀肢癱瘓。何堪蓮花頓萎。忍別老耄入佛山。

輓母親（洪碧蓮）代

和諧睦里。勤儉持家。歷辛苦半生。都為子孫忙打拚。
節用愛人。堅貞勵己。遇膏肓一疾。頓教兒媳倍傷悲！

輓母親、岳母——（洪碧蓮）代

笄冠昔于歸。寶婺騰輝。胡為萱閣生寒。終天抱痛？
遐昇今返璞。深恩難報。從此婿鄉失蔭。盡日含悲！

輓母（洪碧蓮）代

渡海來台。輔業助家。荷蒙慈母恩勤德。
深情難報。厚營乏力。應服痲衣風木哀。

輓張監委岫嵐

報黨國精忠。事母親至孝、畢生公益為懷、柏節嶙峋。卓有賢名稱一代。
膺風霜重任。秉謇諤直聲。堅守貞誠盡責。烏臺嶽峙。長留清望足千秋。

治喪會輓黃監察院院長尊秋

十二載總綰柏臺。新監察制度。建民主殿堂。勞怨不辭。功昭麟閣。
癸酉春退休林下。創養護中心。謀老年福祉。痌瘝在抱。愛溥人間。

敬輓黃前監察院長尊秋先生

由職司風憲而綰蘭台。績著彈章。勳留黨國。
忝簪筆書文以掌蓮幕。恩叨知遇。情至哀傷？

酆景福監委輓黃院長尊秋

柏署風裁。夙佩清名垂不朽。
老成痛失。長懷厚德足千秋。

輓鄉翁劉周才

海嶠交親。頤養有餘歡。常邀時敘同娛樂。
鄉賢好德。老成俄萎謝。頓起秋聲倍感傷。

輓陳飛龍先生93、1、8

勝利還京都。審奸伏法。急擬讞文功在國。
艱難來台島。任職忠公。考終美譽哀而榮。

輓張文俊先生93、2、27

報國惟忠。執事惟公。由治軍繼轉從政。畢生志業勳猷著。
雲龍授教。鯤瀛授惠。自大陸同來台灣。一貫交親知遇深。

輓張效忠先生95、5、20

論交卅餘年。知我者言。箴規可鑑。
追思三叩首。故人已遠。典範猶存。

其二

卅餘載烏府同遊。聲氣相求。交情乃見。
剎那間青山頓黯。噩音遽至。悲嘆奚如。

其三

大其志豪氣干雲。從軍則冒險犯難。從政則忠勤職守。
善爾品光風霽月。對人以真誠有義。對事以公正無私。

輓成母徐太夫人（諱文淑字素瓊係成委員惕軒夫人時年百歲）95、7、3

人瑞列仙班。從茲超脫輪迴路。
美談傳巾幗。長此永垂賢德聲。

輓王樹人陸軍上校退休　就業退輔會廠長

大樹將軍。報國著勳。輔會嘉獻。告老歸田資養望；
楚人賢哲。仁慈長者。忘年摯友。辭塵駕鶴倍哀思。

輓曹翊同學

陽新逃命。深圳逃生。香江猶逃難。八千里冒險來歸。方獲安身立業；
燕廈同窗。鯤台同客。宦海復同遊。一剎那哲人已遠。空留塵榻詩文。

輓日慧法師佘學長化龍

日色清幽。對蒼松而證道；
慧心妙悟。參禪座以成仙。

其二

大悲壇城。勘破禪機觀自在；
入定蘭若，弘揚佛法轉歸空。

注：日慧法師俗名佘化（華）龍原籍湖北省陽新縣人。由香港避難轉馬祖游擊。來台灣任空總政戰少校旋於東港空軍幼校講學。退役後歸隱苗栗頭屋飛鳳村築〈觀自在蘭若〉住持。宏揚佛法約六十年。信眾數萬人。博通佛海。慧業高深。於九十七年七月六日上午九時四十五分因肺炎感染，圓寂於台北台大醫院。自捐遺體該院研究。以嘉惠眾生。

輓李前試委績山（世勳）先生

世路飽風霜。述作揚聲垂典範。
勳猷留黨國。考銓懋績著清徽。

輓先室梅映萍女士代

追憶八年知遇。結褵五七春。服公盡責。信教虔誠。並情深鶼鰈。相夫教子勿辭勞。更獲獎章模範殊榮。至堪欽敬。
胡為二豎纏身。臥病十九月。藥石罔靈。沉疴莫起。果名列仙班。睹物思人多感念。頓覺晚歲喪妻孤寂。不盡哀傷。

輓楊葆和學長99、3、29逝世，台中電力公司營業處安全組長退休

違難渡重洋。一介書生。堅持清白傳家。遺風宛在。
論交六十載。同棲海嶠。信守安全護電。碩德長昭。

輓易碧樵先生

忠勇蛙人，乘風破浪，直搗龍潭，一身都是膽。
遯居澳地，反國探親，忽聞鶴馭，大數總由天。

（二）墓園、骨灰塔

代題父墓

恩勤酬罔極。
訓誨記毋忘。

其二

積勞懷先德。
遺愛在後昆。

其三

尊嚴昭奕葉。
萬古臥佳城。

其四

德厚流光遠。
謀貽世澤長。

黃尊萬墓

蒼松嶺上德音在。
青草墓前俎豆陳。

其二

松蔭佳城千古秀。
峰迴曲水萬年春。

題雙親佳城

奉安未盡慚烏哺。
封樹隆修報親恩。

其二

碧海遠遊慚子職。
白雲深處念親恩。

題蕭公安行墓

富河派衍源流遠。
蓬島支分世澤長。

題永豐懷恩塔

永世懷恩蒙福蔭。
豐碑層塔顯靈光。

四、題誌

國大某代表選舉服務處

代出賢能謀國是。
表明政見惠人群。

邱志成先生競選二屆國代服務處

志於德。依於仁。全民受福。
成大猷。行大道。報國維誠。

立法委員選舉服務處

八到親民。民生樂利。
十思問政。政治清明。

黃昭順女士競選市議員服務處

昭蘇鄉困。竭力為民謀福祉。
順應輿情。盡心報國獻才能。

其二

昭於眾。律於己。守法守分。
順乎民。利乎國。必信必忠。

許文龍競選市議員服務處

文教匡時。讜言論政。
龍游大海。鳳振高崗。

評論議員服務處

評時政而觀得失。
論古往以勵來茲。

高向榮先生膺精忠里里長

向獲民心。克孚眾望。
榮膺里長。實至名歸。

題鄉鎮公所

公僕抱貞誠　任勞任怨　為庶民熱心服務。
所司豈政治　立德立功　許黨國矢志效忠。

題郭儒鈞國代服務處

儒釋心腸。民胞物與。
鈞樞志業。問政匡時。

潘維剛立委

維民福利憑喉舌；
剛鯁清明得眾心。

題東海大學三十週年慶

業紹尼山弘教化。
堂開東海蔚人文。

清通縣議員

清白持身。群民擁戴；
通權論政。眾望攸歸。

題掃蕩週刊大衍之慶

掃除障礙開新運。
蕩宥奸邪入正途。

成試委惕軒

惕乾論天下事；
軒輊定古今人。

宏愛社會福利慈善事業基金會

宏觀長發慈悲願。
愛德惟存喜捨心。

吳監委大宇字達予

大公至正惟仁厚；
宇量渾涵長壽康。

蕭一山監委

一柱擎天擔重任。
山巔觀海騁高懷。

張試委定成

定策安天下；
成名博古今。

陳監委哲芳

哲夫報國勳猷著；
芳草如蘭品操清。

黃副院長尊秋（監察院）

尊俎折衝擔大任。
秋毫明察見高風。

其二

尊德達觀開景福。
秋眉介壽樂天倫。

張監委砥亭（國柱字）

砥柱中流。頂天立地。
亭皋千里。霽月光風。

其二

砥柱中流。擔當大任。
亭臺遠矚。暢敘幽情。

劉道行先生（行之字）

道德之師。直諒之友。
行仁者壽。好善者昌。

行之先生

行不踰方多自在。
之其所好是圓通。

劉監委慕黃（延濤字）

慕義親仁天下重。
黃花晚節歲寒香。

李監委海天係日本僑領

海闊憑魚躍。（集詩句）
天空任鳥飛。

其二

海內存知己。
天涯若比鄰。（集詩句）

施監委鐘响

鐘鳴漏盡勤民隱。
响迅聲隆肅政新。

其二

鐘鳴廊廟聲洪亮。
响徹雲霄氣不凡。

廖省議員榮棋

榮施黎庶甘棠蔭。
棋布先機勝算操。

陳省議員義秋

義正辭嚴欽直道。
秋清月白見高風。

施省議員金協

金石為開誠所至。
協和無間政常通。

李省議員子駸

子其猶龍天下士。
駸乎者駿國中英。

王省議員顯明

顯親報國英雄氣。
明德新民議士風。

高景行秘書長（監察院仰止字）

景福無疆仁者壽。
行藏有度屈能伸。

其二

景耀三台。太平氣象。
行吟萬里。滿腹文章。

黃縣議員種雄

種。惠邦民斯議士。
雄。圖國事是精英。

許監委炳南

炳。績廉明心似鏡。
南。山高峻壽如岡。

其二

炳。靈者哲心憂國。
南。方之強德潤身。

其三

炳。燭夜遊。天開化宇。
南。山春曉。瑞靄盈門。

其四

炳。燭長明明遠志。
南。山比壽壽如岡。

陳監委香貽

香。遠益清仁者壽；
貽。謀自樂德彌高。

如順先生

如。玉守身。澄懷似鏡。
順。時造物。敬業樂群。

葉監委時修

時。彥早傳勳業盛。
修。齡原自德風高。

張郭省議員秀霞

秀。出名門多懿行。
霞。鋪大地有容光。

周監委哲宇

哲。明致遠惟寧靜；
宇。量寬宏且真誠。

其二

民不能忘。澤被嘉雲諸赤子；
職司無忝。名齊孝肅包青天。

洪監委俊德

俊其望有為有守。
德潤身唯一唯精。

其二

俊士貞誠隆獻替。
德風純厚惠人群。

金大使鍾坤

鍾愛中華親我友；
坤維正義利人群。

韓黃永時院長訪華

永敦親善宗邦誼；
時見英雄將相風。

郭立委林勇

淬勵廉能謀國是；
匡弘法治保人權。

韓議員團訪華

大韓議士真吾友；
親我良朋佩使君。

金東周委員

東觀滄海胸襟闊；
周訪中華情誼深。

成鍾漢委員

鍾秀山川多俊士；
漢韓道統一家春。

韓趙南照參議員

南韓中國同一命；
照膽同心保千春。

監察院馬副院長空群

空乏其身擔大任；
群和忘我在毋私。

某某旅長

海甸兆民欣有託；
柳營一旅定中興。

韓許公使世麟榮調

為國爭權。毋忘以義；
交鄰有道。其命維新。

黃國策顧問仁俊

仁為己任邦家重；
俊邁群倫德業隆。

吳文委德美

德潤身勤謀國是；
美令舌惠濟人群。

周立委書府

卓爾高明維法統；
懔然大義護人權。

王監委瑞武

瑞相呈祥。菩心鐵面；
武玞美玉。清德高風。

其二

御史風霜任；
柏臺謇諤聲。

監察院余院長俊賢

俊望德高能雨化；
賢關道要足風裁。

馬監委慶瑞

慶門龍虎高騰日；
瑞節風雲正及時。

黃祥烈將軍（憲部參謀長）

祥臻正氣風雲會。
烈著丹心國是殷。

邱仲坡（國華）先生

國法人權資保障；
華章刀筆論公平。

張試委定成先生

定策品題掄國士；
成材達德作人師。

胡國棟老師

國賴良師興漢業；
棟支大廈被蒼生。

朱監委安雄與吳立委德美伉儷

安民早抱雄才志；
德政同稱美意風。

監察院林副院長榮三

弼亮烏臺稱著績；
去思御史有高風。

柯監委明謀

明鏡高懸聲謇諤；
謀猷大展智方圓。

定光居士

定有因緣皈我佛；
光涵造化濟蒼生。

孝慧居士

孝慈一片皈仙佛；
慧福雙修悟道心。

監察院秘書長陳豐義先生

豐儀足智胸懷壯；
義重情高德業新。

國際奧會吳委員經國先生

經綸超邁陶公業；
國際交遊晏子風。

伏壯猷教授（嘉謨字）

壯麗詩聯推碩彥；
猷傳政教亦經師。

徐遠威將軍

遠者肯來近者悅；
威而不猛恭而安。

林大椿教授（政戰學校）

大塊文章才倚馬；
椿楨節概老猶龍。

簡明勇教授藝術學院

明其心而見其性；
勇於事且慎於言。

姜雪峰教授

雪潔情操君子德；
峰高氣魄偉人懷。

釋顯月法師

顯密在緣緣在道；
月光如水水如天。（借古詩句）

陳監委哲芳

哲言傳百世；
芳草播十方。

明驥先生字千里。曾任中央電影製片廠廠長

千山有月風光美；
里巷無聲居處幽。

其二

英明以四海為心；
騏驥騰千程之足。

邱衍文博士

衍以延徽施教廣；
文能載道育才多。

陳校長源奇

源頭活水清如許。
奇節特行矯不群。

王院長作榮前監察院

作育英髦弘教化；
榮栽柏署振頹風。

朱萬里先生中華詩學發行人

萬法皆由自性出；
里居都為美仁來。

楊組長葆和前台電公司台中營業處

清白傳家風遠播；
安全護電德長流。

日慧法師

日曜清風爽。
慧心皓月明。

王檢察官秀雄

秀實其姿。清高其品。
雄豪之氣。道德之心。

吳檢察官經綸

經學滿懷。根儒植法。
綸絲有緒。度理衡情。

澈茂與游珠伉儷

澈骨風操。雄才茂業。
游心文藝。玉潤珠圓。

關主任心全（字泰然）退休

心神泰若歸田樂。
全德然而獲福多。

其二

心地光明歸退隱。
全身運動壽康強。

胡主任天健

天倫樂敘芝蘭秀。
健飯壽同松柏堅。

其二

天倫樂敘。蘭馨桂馥。
健筆揮來。鳳舞龍飛。

楊速記長欣泉

欣榮事業千秋永；
泉石生涯四境幽。

范叔寒將軍

叔子投壺功在國。
寒光射斗筆生花。

贈蕭采洲國畫大師

采筆繪河山壯麗。
洲邊觀鷗鷺幽閒。

五、第宅、林園

湖北陽新鳳棲洞

五里車轎。昔日龍山曾落帽。
千尋巖洞。當年鳳鳥且來儀。

其二

鳳巇來儀棲石窟。
洞開仙境悟禪機。

麗園

麗景宏開新境界。
園林長住壽康寧。

天元山莊

天開圖畫春無量。
元始風光美不勝。

南投日月潭涵碧樓

涵翠清幽。湖山錦繡。
碧波蕩漾。日月光華。

中原書閣社

中華學術搜藏富。
原版圖書拓印新。

其二

中華文化光天下。
原版詩書重古今。

怡園——陳翰珍先生

怡悅柏臺閒拾趣。
園開溪畔耀潛光。

其二

怡樂樞臺臻福壽。
園栽桃李郁芬芳。

楊英風美術館

英發早傳。名聞遐邇。
風騷獨領。美譽中西。

水月園

水色山光皆畫本。
月明花笑是詩情。

俗園—石孝岑先生居所

俗歌多故事。
園叟亦風人。

其二

俗雅平分妙趣。
園林一片生機。

其三

俗客不常參慧業。
園人到底唾虛名。

楚燕閣鍾亦鳴先生之書齋

楚材為寶。著述藏名山。書文銘高閣。
燕翼貽謀。階前盈玉樹。掌上托明珠。

容止齋

蓋容。為寬容包容也。止為舉止、知止也。此言優游雅逸。威儀有象。色思溫。貌思恭而行思可樂也。孝經曰：「容止可觀」。大學云：「在止於至善」。故取「容止」以名齋。不亦可乎？

容光無不照（張曲江句）
止步慢凝思（沈　約文）

其二

容容多後福（左雄傳）
止止自吉祥（莊　子句）

其三

容光無所不照（孟　子句）
止謗莫如自修（諺語）

其四

容不間夫廣大。
止必底於精微。

其五

容所難能稱大德。
止於至善貴深思。

其六

容所不容君子度。
止於當止聖人徒。

其七

容乃大胸襟清闊。
止於敬德業長新。

其八

容膝何須寬。竹裏靜消無事福。
止觀能不二。花間補讀未完書。（集詞句）

其九

容人自得。歷久彌光。稽古聖賢猶退省。
止境雖無。集思廣益。放懷天地盡文章。

一枝樓

一笑喜憑欄。騁懷不盡風光美。
枝棲思去國。寄跡彌增賓主觀。

其二

一念登樓。正欲乘風攬日月。
枝棲無事。且來酌酒看江山。

楚風樓

楚天不斷四時雨。（杜子美句）
風月常臨百尺樓。

其二

楚出奇才多報國。
風搖翠竹獨撐天。

知止齋

知所不為藏大智。
止於至善貴精心。

客廳

喫墨①看茶②。聽香③讀畫④。
吞花臥酒⑤。握月擔風⑥。

注：①喫墨。即濡毫蘸墨之意。指寫作而言。②看茶。即飲茶品茶之意。可見其境界之高也。③聽香。不說聞香而言聽香。可見其品味之雅也。④讀畫。謂鑑賞繪畫之意境與風格也。見（潘師隨詩）「讀畫論詩日往還」。⑤吞花臥酒。指春天行樂。見（雲仙雜記）「春花臥酒。不可失時。」⑥握月擔風。謂愛好風月。見（春晏錄）「握月擔風。且留後日。」

山居

築傍溪山知不俗。
登臨雲海望如仙。

其二

看溪雲初起。山雨欲來。夜月正圓。
朝霞平旦。處處怡情逸興。
聽牛笛橫吹。樵歌遠唱。寺鐘響答。
林鳥爭鳴。聲聲悅耳盪胸。

雙溪中央社區

橋跨綠水雙溪合。
樓傍青山一角斜。

其二

鶯啼柳岸花初發。
水繞烟村畫不如。

基隆市公園

公餘林下。緣徑低徊。那茂林修竹。疊石澄潭。皆排沓胸前。千般點綴。園闢山頭。登巔遠眺。則港口市區。高樓巨艦。盡收來眼底。一覽無遺。

其二

攬勝登高。山泛綠。水流清。娛情逸興。遊園漫步。蝶戀花。蜂釀蜜。鬥艷爭奇。

礁溪一唱

礁磺要為斯世暖。
溪泉無改在山清。

大豐花園魚池

怡神養素—匾額。

靈沼水深魚極樂；
名園花醉蝶爭扶。

其二

池大水清魚介好。
園幽花艷鳥聲嬌。

其三

人遊池畔魚偏逸。
詩誦花前句亦香。

其四

魚游疊浪恩波渥。
花落一溪春水香。

書齋練書法偶感

擱筆運思籌布局。
凝神鎮紙任揮毫。

梅峰桃花緣

梅。白桃紅春爛漫。
峰。崇嶺峻月嬋娟。

思親亭

思。鄉倍感情無盡。
親。願毋忘念在茲。

其二

思。恩未報慚為子。
親。澤長流伴此湖。

注：雙親德澤。如水庫之湖水。源遠而流長也。

清風樓吳國幹先生公寓

清。錦湖山無墨畫。
風。濤松竹有聲詩。

其二

清。光普照高人宅。
風。月無邊騷客樓。

醉墨堂

醉。墨臨池書有勁。
墨。黐滿紙字生香。

注：見（陸游詩）「我詩欲成醉墨黐。」

其二

醉。瀋橫拖鷺嶺碧。（王世昭句）
墨。繩平直獬冠青。

其三

醉。月坐花神不倦。
墨。池書枕興靡涯。

桃園虎頭山

越虎頭山上五分頂。飽覽群峰勝景。盡羅錦繡。
望石門壩自三聖宮。放懷曠野煙花。都

綻生機。

桃園拇子山

拇子山奇峰挺秀。臨巔長嘯。聲遏雲霄空谷應；

硬漢嶺峭路崎嶇。捷足先登。氣吞海嶽膽心雄。

注：硬漢嶺。即觀音山。

桃園羅漢洞

南屏山上九五峰。片片彩霞。天開畫景；

羅漢洞中十八聖。尊尊神像。特顯威靈。

武昌黃鶴樓

黃鶴崇樓。巍巍乎拔地擎天。氣吞三峽壩。

龜蛇峙嶺。盤盤焉峰迴路轉。力鎖大江流。

洪　荒山水畫室

洪大胸襟如海壑。

荒巒筆墨見工夫。

歸一袁表炯先生工作室

歸去見思斯杞梓①；

一麟半爪盡珍藏。

注：杞梓：比喻好官吏。

其二

歸里歸田無俗氣；

一琴一鶴有高風。

注：一琴一鶴：喻清高之意。見（宋史趙抃林傳）「趙抃人稱鐵面御史。入蜀。以一琴一鶴自隨」。

其三

歸馬放牛田里好①；

一言九鼎世間無。

注：歸馬放牛。言戰爭結束。將士還鄉之意。

其四

歸心妙有千秋鑑；

一句南無萬劫消。

注：妙有：佛教：「人心寄託於無中之有稱妙有。」喻與世無爭。

蔡鼎新先生書齋

晚歲潤身稱鼎健。
學齋聖手創新猷。

其二

晚年詩文書鼎健。
學齋光氣景新幽。

題長流美術館

長耀古今多美藝；
流芳中外有文風。

贈聽竹軒主人胡理事長傳安

聽多雅韻詩精采；
竹有清風月滿軒。

又

傳經化雨敦詩教；
安坐春風植俊才。

贈陳明義市議員

明非首解民瘼隱；
義智兩全國是殷。

其二

明乎遠志謀民福；
義不容辭報國誠。

其三

明乎理，順乎情，認真做事；
義不辭；仁不讓，造福為民。

監察院成立百週年紀盛

蘭臺氣節千秋著。
御史彈章百代傳。

蕭家莊牌樓對聯

蕭阮李嚴徐，五族共和情誼厚。
家莊鄰里巷，全村都道歲年豐。

六、祠寺廟宮

馬來半島蕭氏宗親總會

蘭陵派衍規模遠。
馬島支分紹述長。

湖北陽新蕭氏宗祠

人羈蓬島宦遊。索本尋根。每念宗功光祖德。
我亦蘭陵胤嗣。光前裕後。毋忘禮法舊家聲。

陳氏宗祠擴建

嬀汭仰宗風。廣葺祠堂。應記春秋匪懈。
瀛臺綿世澤。相傳煙祀。全憑繼序不忘。

嘉義黃氏宗祠

緒纘紫雲宗祖德。
支蕃嘉義子孫賢。

全美黃氏宗親總會

炎黃世澤長。早從教孝明倫起。
新陸孫枝茂。還冀光宗報國先。

其二

江夏仰流光。敦宗親而酬祖國。
美邦揚世胄。遵禮教以序人倫。

全國聯合秋季祭典

索本尋根思列祖。
慎終追遠薦馨香。

美國孔子書院祭祖大典

華國文章光異域。
夏聲禮樂播盟邦。

華僑祖祠

篤孝盡忠。緬懷列祖。
敦親報國。統一中華。

天主堂

天道循環。終歸復活。
主恩浩蕩。廣被生民。

梅山寺位於陽新縣鍾山嶺

梅嶺修心寒不覺。
山僧頌佛樂長生。

土林飛龍寺

飛錫名山。喜見名山仙駐跡。
龍潛淡水。長環淡水佛生光。

其二

飛錫名山。法留東土。
龍歸寶剎。果證西方。

其三

飛塵不染香煙篆。（鼎台柱）
龍寺長修道岸登。

其四

無盡清幽。一片嵐光空色相。（飛龍亭）
有何妙諦。四山鳥語和經聲。

樹林海明寺

苦海回頭。終歸覺岸。
清池見影。頓悟禪機。

其二

海晏河清。且觀大轉法輪。五覺六塵皆可渡。

明心見性。再使虔皈寶相。三塗八難盡潛消。

新北投法雨寺

法化冥頑。寺建屯山崇國教。
雨施膏腴。恩沾鯤島被蒼生。

基隆市覺修宮住持係開瑞法師

覺世證前因。開發蓬萊興國教。
修心培善果。瑞騰寶殿蔭蒼生。

阿蓮慈聖宮

慈愛精神皆感化。
聖心日月放光明。

南聖宮

南面使征。威揚閩海。
聖恩顯化。馥蔭台疆。

永安宮

永祀馨香。萬眾謳歌崇義烈。
安扶社稷。三開顏面顯威靈。

旗山一貫道神廟

弘化廣被十方。佛仙神聖賢。慈悲普濟。
敬天誠尊五教。耶回儒釋道。福慧雙修。

高雄市內帷鎮安宮

內奉神明。千歲恩威昭百世。
帷崇聖德。萬般福澤惠群黎。

淡水祖師廟

金粟如來成大道。
三乘頓悟破禪機。

其二

悟來大道無多事。
參透禪機總是空。

其三

金鐘一響消千劫。
三寶長參度眾生。

其四

一句南無消浩劫。（鐘鼓柱）
三通金鼓報平安。

嘉義吳鳳廟

易惡俗而轉淳風。捐軀一死。
成至仁以完大義。立德千秋。

二重福德宮

福降則民康物阜。
德施皆魚躍鳶飛。

其二

二水恩波揚四境。
重山德澤蔭群黎。

其三

二姓平安真福地。
重山岌業壯靈宮。

福安宮

福地正神千載祀。
安民保境四時春。

文山清水岩祖師殿

清心寡慾。具大慈悲。庇民護國。
水淨山明。空眾生相。成祖為師。

其二

清泉石上流。仙跡靈巖俱妙諦；
水月潭中現。松風竹露盡禪機。

其三

清者自清。濁者自濁。神明可鑒。
水惟靈水。山惟靈山。祖武成師。

其四

清濁本攸分。汝欲欺心。神明必鑒。
水天共一色。眾存誠意。民物咸康。

其五

祖德流芳。歷千秋而顯赫。
師恩浩蕩。被萬民以同春。

其六

會悟起玄機。法雨宏施。眾神降福。
元和騰佳氣。春風廣被。萬類沐恩。

其七

橋跨普濟眾生。願有緣人。誕登道岸。
頭頂通靈神聖。惟厚德者。獲保安康。

混元天聖道院

天下太平無一事。
聖恩浩蕩足千秋。

其二

天佑庶民。止於仁。止於愛。
聖行眾善。作之神。作之師。

李老君廟

太上德尊眾姓祀。
老君道化百神欽。

張天師廟

目現金光群魅伏。
神藏玉玦五雷遵。

其二

天網恢恢疏不漏。
師恩蕩蕩道通玄。

左營太子爺廟

太上立德立功。神恩浩蕩揚高港。
子民誠心誠意。香火氤氳繞左營。

左營天府宮

天褒太子。地毓鍾靈。千秋享祀。
府築左營。宮盈香火。萬姓康寧。

藏經樓

藏書萬卷輝禪閣。
經術千方見慧雲。

蔣公廟

蔣山長青。愛遺人世。
公德無量。道冠古今。

其二

蔣青山德被蒼黎。為天地立心。為生民立命。
公厚土勳留後世。作一代之聖。作百姓之師。

其三

望阿里山頭。遠樹連雲環翠靄。
聽高雄港外。長風舞浪盡謳歌。

聖德宮

聖人無私。神人無功。光騰紫府。
德配天地。道冠古今。靈著玄壇。

玉帝廟

玉旨條條昭向善。
帝恩蕩蕩永揚休。

其二

玉旨神欽。道至尊。教至廣。
帝名天授。德無量。法無邊。

玄吉寺孔子殿

玄聖文章宏教化。
吉人心鏡照塵寰。

其二

玄通德化千秋祀。
吉兆祥光萬姓安。

其三

玄聖早開千載業。
吉神長護萬家春。

其四

玄通哲理古今冠。
吉化祥和家國興。

菲律賓暑都碧瑤普陀寺觀音殿

普度慈航。南海蓮花開菲島。
宏揚佛法。西方貝葉護瑤城。

張定成批：此聯切事切地。亦深寓佛理。端莊凝重。堪稱佳構。

其二

九品蓮臺。觀瑤草琪花。長春永茂。
七層寶殿。望青天碧海。空闊無邊。

張定成批：頗饒韻味。

日月潭松柏崙蔣公紀念公園牌樓

仰風儀於松柏園中。日月光華。峰巒拱翠。
聽謳歌於大千世界。自由燈塔。民主長城。

其二

成大業以中興。氣節千秋昭日月。
仰英風於聖哲。精神萬古滿湖山。

慈航堂

慈化為神功至大。
航登彼岸道通玄。

其二

慈善心腸。大化為神名不朽。
航通彼岸。皈依誦佛福無疆。

代天府

代狩理陰陽。九域風雲開錦繡。
天威震寰宇。三台民物賴康寧。

其二

鳴以朝陽。用為靈雨。（鳴鳳亭）
鳳亭霞蔚。鯤海波平。

其三

舞雩浴沂。鳶飛魚躍。（舞龍亭）
龍蟠虎踞。物阜民康。

正德寺

正直者神神者化。
德深而厚厚而生。

浙江金華山黃大仙祠

大德至仁。恩波遠蔭盈滄海。
仙風道骨。今古馳名仰赤松。

其二

仙跡遍南洋。妙道應傳新陸。
祠堂坐北麓。恩光普照神州。

關渡宮徵聯

賢關達道成神聖。
普渡回頭列佛陀。

其二

關匿禍心。天網恢恢疏不漏。
渡登道岸。靈山矗矗願能償。

財神洞

財惟義取心常泰。
神在洞修道自明。

其二

財去財來。過眼虛空無一物。
神前神後。存心喜捨得長生。

玉皇殿

玉帝慈悲。蒼生永庇。
皇恩浩瀚。瀛海同沾。

其二

玉令咸尊。道常玄。教常化。
皇猷遐闡。物者阜。民者康。

靈山古佛寺

靈鑒仰神明。古洞清幽通地脈。
山嵐涵水碧。佛光普照滿人間。

靈山廣渡寺

靈山真佛地。
廣渡有緣人。

靈鷲山無生道場

靈山塵不染。
鷲鳥氣非凡。

其二

靈氣彌漫能化俗。
鷲山清淨好參禪。

其三

靈亦靁王。以其靁嚇王斯怒。
鷲原就鳥。到此就知鳥不凡。

彭朝寶①宗祠光裕堂楹聯戊寅年孟夏月

光前代之遺徽。遠渡臺灣。椎輪②肇始雷公崁。
裕後昆而報本。長懷祖澤。祠宇重新鴨母坑。

其二

章訓有規。左昭右穆明倫教。
彩光普照。東箭南金③裕後賢。

注：①彭朝寶字章彩號光裕。
②椎輪。無輻之車輪。比喻事物之創始。
③東箭。即東方竹箭。因古人視為

珍品。故借以比喻可貴之人品或美材。南金。比南方傑出之美才。

苗栗縣西湖鄉唐張九齡曲江第（宗祠）

聯

◦曲雅揚風。敦親睦族。

◦江流匯海。合派朝宗。

其二

◦曲第播清芬。千秋金鑑明興替。

◦江間揚巨浪。萬派朝宗到海涯。

注：曲江第。係唐玄宗所賜。

白馬寺位於台北縣中和市五七年建

◦白藹卿雲。飛從竺國西天。祥開南勢角；

◦馬馱經典。分庋圓通禪寺。杯渡萬姓徒。

注：杯渡：南宋僧人。不知姓名。常乘木杯渡水。故以《杯名》為名。後以《杯渡》借指僧人之道行。杜甫。題玄武禪師屋壁詩：「錫飛常近鶴。杯渡不驚鷗。」

觀音太士畫像夏華達先生繪

◦觀念不生。融一點禪心。證得真空真寂。

◦音容妙繪。契三乘佛理。果成大智大悲！

注：夏華達先生。美籍人士。亦系屬華裔。因年少時在中國宮廷內耳濡目染。致學會京劇及繪事。欣逢其八旬大壽。於近期假台北市國軍文藝中心。自演《貴妃醉酒》及《麻姑獻壽》等京劇與展覽彌勒、觀音等畫像。預期盛況可期。

善化道元堂

◦道成仙佛超三界。

◦元本孝忠動十方。

蕭氏宗祠94、11、1

匾額：儉德遺風

炎漢丞相系。
齊梁帝王家。

其二

八葉遺風遠。
酇侯世澤長。

其三

博學鴻文師太子。
謙風儉德祖酇侯。

其四

三傑魁名垂奕葉。
八朝相國紹雲仍。

其五

光先德之遺徽。派衍蘭陵。宗支繼序長崙嶺。
裕後昆而報本。胸懷祖澤。祠宇重新富水河。

其六

師傳在道。家睦迺齊。務必道之以德。齊之以禮。
儉可養廉。勤能致富。但須廉而不劌。富而不驕。

其七

月下急追韓。果收戰無不勝。攻無不克殊威。是以功高第一。
府中藏籌策。洞悉阨塞邊關。居民戶口特識。尤為智冠群倫。

賀蕭氏祠堂重建落成

族議建崇祠。奉祀依規故土美；
宦遊垂老叟。退思難報祖宗恩。

題準德壇

準。遵佛法傳真諦。
德。化眾生悟道心。

題承德壇

承。擔聖職勤行道。
德。潤凡心不受塵。

龍潛寺

龍。見在田，日修卓錫。
潛。心念佛，慧及蒼生。

七、營業五十一副

涵碧樓旅社

涵。秀一樓山水綠。
碧。波萬頃歲華新。

其二

涵。氣氤氳。湖山錦繡。
碧。波蕩漾。日月光華。

環湖大旅社

環。島群賢。畢臨勝地。
湖。山美景。獨佔風光。

日月潭觀光大飯店

日。麗遠山含淑氣。
月。烘大地轉鴻鈞。

其二

日居月諸。湖光如明鏡。
山焉水也。景色最宜人。

明潭大旅社

明。窗淨几居安穩。
潭。影湖光景最幽。

觀湖特產店

觀。去玲瓏滿目。
湖。中風景宜人。

名勝特產店

名。山古玩珠光燦。
勝。境宜人氣象新。

化學工廠

化干戈為玉帛。
學技藝長智能。

餐館

來者聞香齊下馬。
老饕知味且停車。

都城海鮮樓

都說當廚香味永。
城歡不夜醉忘歸。

其二

都道佳肴。迎風把盞。
城開永夜。醉月飛觴。

明心園餐廳

明窗淨几群賢集。
心曠神怡滿室馨。

半雅亭小吃館

一半兒餐。一半兒酌。
大雅滿座。大雅滿亭。

王鼎恩餐廳

鼎鼐和調功在國。
恩榮宴設客如雲。

明宮旅社

明眸遠矚風光美。
宮殿長遊意興豪。

其二

明湖壯闊舒襟抱。
宮室清幽好寓居。

健力美髮店

健手健身健事業。
美容美髮美人生。

亞哥髮廊

就我生春色。
逢人作好容。

其二

不教白髮摧人老。
更喜春風滿面生。

益群當舖

益己利人開大業。
群倫樂歲慶新春。

其二

豈是因財謀利益。
無非周濟便人群。

碧蘿春清茶室

碧井清泉。好烹雀舌。
春蘭秋菊。閒話鯤臺。

其二

碧潭月。玉山雲。十里幽光。極好娛情登樂室。
春蘭馨。秋桂馥。四時風雅。何妨閒話喝清茶。

大西雜貨行

大道生財。財恒足矣。
西園種木。木向榮焉。

天和銀樓

天工巧奪金花燦。
和氣常凝寶樹輝。

濟生堂藥房

濟世醫人。神農妙藥。
生龍活虎。王子仙丹。

仁生國藥號

仁聲揚橘井。
生氣滿杏林。

其二

仁術為心。功能壽永。
生春著手。藥到病除。

其三

仁存天地明醫德。
生抱聖賢濟世心。

其四

仁術普行。杏林日暖。
生機煥發。藥圃春回。

其五

仁術廣施。名高丹鼎。
生機蓬勃。春滿杏林。

九鼎貿易公司

九合商工通貿易。
鼎新事業展經綸。

隆祥西服店

隆貴新裝君子著。
祥開駿業達人來。

新生承運公司

新運宏開承百業。
生機蓬勃攬三臺。

日人來台茶道發表會

烹舌全憑陶學士。
品茶好待陸仙人。

啟明國醫師

啟智益愚。活人濟世。
明心見性。立德存仁。

水泉先生茶莊

水活一溪。長烹雀舌。
泉流九曲。好煮龍團。

何天一醫師係耳科權威

天下名醫欽濟世。
一流高技著賢聲。

張榮凱畫展

寫來彩飛世界。
展出春滿人間。

其二

圖成彩夢鴛鴦綠。
寫到飛花蝴蝶香。

許榮耀大商家

榮利可求。存誠敬業。
耀光其采。潛德修身。

直佑營造公司

直道真誠。殷勤致富。
佑人創業。中外揚名。

廣昌棉線廠

價廉物美廣昌紙。
鳳舞龍飛蕭老書。

經農企業公司（錦檳先生）

經之營之。前途似錦。
農也商也。纍實如檳。

黃金定先生（業光學器材）

金目光芒能致遠。
定天經緯有精儀。

崇全律師

崇儉養廉宏法治。
全真守正護人權。

德耀先生（業建築）

德智兼全。經綸創造。
耀光其采。建設維新。

宏資先生（諮訊業）

宏業廣開。商通七海。
資源恒足。譽滿三洋。

神農農藥公司

神武仁心。且嚐百草傳靈藥。
農功稼術。更教群黎樂厚生。

龍鳳食品公司（冷凍水餃）

龍涎香永傳珍品。
鳳餃味鮮著美名。

鑫冠企業公司

鑫名寶號財源廣。
冠邁同行事業昌。

黃昭雄教授寶島山川特展

寶島風光收筆底。
奇峰烟景在胸中。

呂國勳醫師

國聲端賴家聲振。
勳業還從醫業精。

其二

國富民康醫業盛。
勳高名就德風揚。

其三

國士名醫。活人無算。
勳臣良相。濟世實多。

林文雄先生（裝潢業）

文綺裝潢。公輸巧匠。
雄心創業。子貢遺風。

范葵先生梅展

坐使梅花香遠邁。
能教畫筆發光華。

藥用植物藝展

瑞木靈芝。是壽者相。
琪花瑤草。得氣之先。

一毅士行公司（木屋營建）

綠野鄉村無限好。
美輪木屋有同觀。

德豐木業公司

德茂品精。公輸巧匠。
豐材金屋。巢氏高風。

其二

德取延和謙則吉。
豐滋容眾居之安。

張勝雄建築師

勝算恒操精建造。
雄圖展抱大規摸。

偉助藥劑師

偉業觀成。大財裕國。
助人為樂。靈藥仁心。

川鄉菜館

川湘食譜真善美。
鄉土名餐色味香。

杏梅大飯店

杏園遊宴神情逸。
梅苑尋詩雅興多。

綠島酒樓

綠尊佳釀惟香冽。
島國時珍任品嘗。

合通車業公司

合。力經營車業盛。
通。行致遠利源豐。

祥傑實業公司

祥。開百世財源廣。
傑。出超群科技新。

闕山金先生（樂器公司）

山。葉名琴著。
金。聲悅耳清。

永豐開發公司

永。生事業開源遠。
豐。厚智材發利多。

其二

永。懷悲憫心長樂。
豐。滿溫馨愛愈恒。

蔗盦

蔗。境回甘觀淡水。
盦。軒高雅傍芝山。

劉厲生律師

厲。翮鵬程開世路。
生。花刀筆保人權。

劍湖山世界

劍。閣流丹涵瑞氣。
湖。山勝境滿腔詩。

題咖啡室

暇日休閒宜淺飲。
暗香浮動倍開懷。

怡客咖啡店

怡。人雅座咖啡秀。
客。地逢君萍水親。

膳書房餐館

膳美先從炰藝美。

書香兼併菜根香。

南方御膳坊

南北群賢皆下馬。

方圓十里也聞香。

網家樂多媒體公司

網開業盛財源廣。

家樂人和利路通。

王總經理富明

富而好禮人長久。

明若通情事縱橫。

其二

富貴榮華惟自造。

明非識務在人為。

劉秋貴律師

秋明毫髮名刀筆。

貴保人權大律師。

李台興律師

台探民瘼謀法益。

興扶刀筆保人權。

李艷秋小姐（大陸書畫家）

艷雅筆鋒惟灑灑。

秋明氣質乃彬彬。

陳慶煌博士（心月樓）

心無罣礙波羅蜜。

月照空明般若多。

注：波羅蜜、到彼岸也。般若、智慧也。多、定也。

喜相逢KTV歌廳

喜上眉梢歌一曲。
相思河畔樂重逢。

王軼猛書法家

軼若遊龍王筆陣。
猛如活虎李書風。

注：①晉王羲之題筆陣圖。又杜甫詩：筆陣獨掃千人軍。
②唐李陽冰工篆書。人號之為筆虎。

題玉芳女史山水畫展

玉指揮毫嶙壑美。
芳思滿紙彩雲飛。

其二

玉度恢宏涵海碧。
芳姿風雅繪丹青。

其三

玉手纖纖揮彩筆。
芳心款款寫黃圖。

紅鷹集團行銷公司

紅塵世界開源廣。
鷹視市場獲利多。

吳廣沛先生畫展

廣育人才遊藝事。
沛揚風氣遍臺瀛。

樹祥先生

樹長以栽培為本。
祥增須誠敬立心。

劉瑞雄先生

瑞日芝蘭光甲第。（借聯句）
雄才騏驥展鴻圖。

勝助先生

勝算操奇恒自負。
助人快樂貴無私。

勝昌先生

勝不驕。智不惑。
昌大業。極大觀。

耀輝先生刻印章

耀眼皆吉光片羽。
輝名如日升月恒。

陳柏川（宏彥字）

柏葉煎香。松濤烹雪。
川光增媚。山趣忘機。

溫政良先生

政協人和。謙沖有度。
良金美玉。純樸無瑕。

古安田先生

安樂無憂。其人必健。
田車既好。俾業而昌。

陳達信先生

達變通權擔大任。
信誠敬業展鴻圖。

劉浩伊先生

浩繁執簡經營慎。
伊始維誠事業興。

其二

浩氣彌天地。
伊人獨往來。

立戎先生

星稀月朗胸懷暢。
亮節遐思志氣高。

蕭承絢宗兄

承。平時代隨心樂。
絢。爛風光入眼明。

黃昭雄教授

昭。信真誠惟本色。
雄。才大筆展鴻圖。

王美英中醫師

美。意延年蘭桂馥。
英。名仁術德醫高。

鄭麗華國畫家

麗。人遊藝生花筆。
華。國以文揚漢聲。

蕭致明中醫師

致。知格物精醫術。
明。德修身樂壽年。

范叔寒將軍

朝飯山光澄肺腑。
暮餐嵐影伴漁樵。

國珍先生

國。工鑲玉心思巧。
珍。寶鉗金聲價高。

池秋美歌星

秋。水為神能閉月。
美。人如玉復羞花。

其二

秋。水同眼波並媚。
美。人與芳卉齊嬌。

張昌榮先生

昌。業全憑神智力。
榮。名不負利貞元。

劉襄理彩鳳小姐

彩飛傑閣呈祥兆。
鳳噦高岡得意融。

蔡主任榮順 陽明航運

榮命在身三德立。
順風得勢四時亨。

台全先生 業彩石藝術

台柱雄才成大業。
全心彩石見高懷。

黃曉楓先生 萊思康公司董事長

曉虹橫宇彌天彩。
楓葉滿林偏地金。

謝嘉允先生 傳銷

嘉績早傳。名高皇冠。
允恭克讓。信協群倫。

李厚平先生 國小老師

厚德親仁施化雨。
平心和氣自移風。

義雲高大師山水畫展 密宗

雲作雨施俱佛法。
高僧絕藝見功夫。

其二

雲化雨施揮彩筆。
高懷大捨惠群黎。

洪經理欣孝 銀行界

欣以向榮財廣進。
孝而好善業繁昌。

池秋薇小姐 歌星

秋水共長天一色。（借古文句）
薇花與玫瑰齊嬌。

其二

秋波臨去回眸嫵。
薇蕊乍開樸鼻香。

陳冠之女士文具商

冠邁同行。貨奇品雅。
之無早識。秀外惠中。

施秋宇總裁

秋毫明察無私念。
宇量包容大業成。

楊玉亭總經理

玉冰品質豐姿美。
亭當身心智行圓。

注：亭當。即妥當。適宜也。見（宋朱熹答呂伯恭書）「不知如何整頓。得以身心四亭八當。無許多凹凸也。」

曉農與彩霞賢伉儷（裝裱店）

曉日祥雲騰異彩。
農村煙景靄丹霞。

方雪純與梁瓊白

雪操純情高品性。
瓊廚①白酒②妙烹炰③。

注：①瓊廚。謂富豪之家。②白酒指美酒。見（玉壺新詠）梁武帝子夜夏歌「玉盤著朱李。金杯盛白酒。」③烹炰。即烹龍炮鳳。以喻烹調珍貴菜肴。具有高超藝術與技巧。見（唐李賀將進酒）「烹龍炮鳳玉脂泣。」

鄧世豪先生工程設計

世路履夷成大路。
豪情奔放即真情。

蔡鼎新先生董事長

鼎。老一言能九鼎。
新。禧宏願又重新。

洪裕仁先生商人

裕。享人生真福樂。
仁為己任大胸襟。

其二

裕。後光前昌德業。
仁。山智水傲江湖。

蔡新買先生商人

新。知雨見舊朋似。
買。骨風聞賢士來。

其二

新交相遇新。知樂。
買宅無如買地佳。

包　容女士藝人

包。公有眼古今鑑。
容。物無心色相空。

日人中山正基先生93、3、23

中。邦益友如山。壽。
正。直老人有道。基。

魏國樑先生

國。有棟樑民有福。
美。而秀惠。智而圓。

何俊元先生紅鷹集團

俊。士高風真俠義。
元。龍豪氣老江湖。

張夢陽先生聞名畫廊

夢。美成真非是幻。
陽。和生物自為春。

能仕與湘蓁賢伉儷

能文能藝真賢仕。
湘芷湘蘭至美蓁。

楊湘蓁女史

湘芷芬氤香遠逸。
蓁桃麗質品彌高。

張業務經理瑞枝

瑞兆祥光騰鳳彩。
枝開珠蕊繡龍章。

和豐禮儀公司

和且誠葬營以禮。
豐其祀殯陣如儀。

謝國寅先生

國業如蜂蜂釀蜜。
寅宮屬木木向榮。

大地養蜂場

大圃花叢。養蜂造蜜。
地方農事。富國裕民。

順申律師

順輿情而蘇民困。
申正義以保人權。

題林啟明（畊硯）先生金石展

坐使金刀鐫石媚。
能將文字發光華。

題高源房屋仲介服務公司

仲服惟求誠與信。
關懷首利居之安。

蕙風堂筆墨店

既廉且美蕙風筆墨。
惟夢有林蕭老法書。

贈黃審判長美文

美澤為懷，公平判罪。
文衡以德，法外施仁。

謝榮總黃大夫士慕

坐問病情觀氣色。
割除眼障放光明。

贈耕一推拿賢師

耕除傷痛推拿好。
一掃苦愁快樂康。

賀胡理事長傳安連任

傳經解惑膺詩伯。
安處謙光繼社風。

贈謝處長松枝

松風水月清其品。
枝秀根深王者香。

參加書法展

氣豪吞海嶽。
筆健挾風濤。

其二

中原文化千秋炳。
華國河山萬族春。

八、投贈

老狂詩翁（燕廈王應生先生之自稱）

老。到有神詩愈勁。
狂。而無漏逸如仙。

劉德勳先生

德。業輝先緒。
勳。名裕後昆。

陳德怡學長

德。進業修明遠志。
怡。顏悅性見知心。

其二

德。不孤。必有鄰。
怡。其性。自然樂。

博　泉先生

博。大高明。配天配地。
泉。源始達。成江成河。

楊葆和學長

葆。其真誠。如圭如璧。
和。乃達道。有聲有華。

楊葆和鄉兄

葆。光養望神長逸。
和。氣致祥樂永康。

葉亮濤先生

亮。節清風澄俗慮。
濤。松韻竹發天聲。

張劍輝先生

劍鳴世事胸如海。
輝映寰空氣似虹。

其二

劍技飛騰驚日月。
輝光閃灼耀山河。

徐敬齋鄉長

敬業樂群輝棟宇。
齋居華構傍溪山。

夢　蘭小姐

夢筆生花彩。
蘭閨翰墨香。

劉玉娥小姐

冰玉壺中水。
嫦娥月裏仙。

大　德先生

大無畏。堪為將。
德不孤。必有鄰。

李文信先生

文心消憂靜。
信史入秋嚴。

其二

文成萬紙珠璣粲。
信誓三生福壽多。

安際唐先生

際遇有順有逆。逆來順受。
唐人多才多藝。藝重才高。

劉金豪先生

金言微吐千斤鼎。
豪氣高騰百尺樓。

其二

金谷宴佳客。
豪門出將才。

忠　華先生

忠人多耿介。
華國大文章。

其　昌先生

其曰書可讀。
昌後詩為歌。

自　新先生

自然得天趣。
新意暢生機。

世　其先生

世治頻添元亮酒。
其人愛讀放翁詩。

美　樂先生

美而堅竹苞松茂。
樂其志流水高山。

陳聯懋先生

聯情聯誼多名士。
懋績懋庸有鉅財。

歐成隆先生

成大器安邦定國。
隆中人牧野耕山。

周幹才先生

幹國津溧。中流砥柱。
才高泰斗。氣吐雲霄。

其二

幹局恢宏。經文偉武。
才華卓異。治亂抉危。

吉文明先生

文章當世盛。
明德達人生。

任貫一先生

貫通今古事。
一介聖賢心。

其二

貫斗文章池上墨。
一簾風月畫中詩。

羅興貴先生

興師能靖難。
貴耳聽收京。

其二

興於詩。立於禮。
貴不淫。賤不移。

酆杜逸先生

杜釀盈樽供客醉。
逸詩滿閣伴君吟。

其二

杜陵詩品高百子。
逸少筆力掃千軍。

陳揚鏗先生

揚風徧題名士草。
鏗瑟時奏古賢聲。

郭自強先生

自矢精誠貫金石。
強哉矯健若蛟龍。

其二

自有信心能定難。
強將功業寄收京。

萬平階先生

平明迎淑氣。
階下接英才。

其二

平步干雲酬壯志。
階庭拔劍發高歌。

楊惠林先生

惠風來淑氣。
林壑發祥光。

其二

惠日朗虛室。
林亭集古春。

光　宗先生

光風霽月清懷闊。
宗匠陶人眾望歸。

詹雪青先生

雪水寒心底。
青雲耀目前。

其二

雪玉無瑕人品峻。
青雲有路歲華新。

向　榮先生

向陽門第春常在。
榮問閭閻德不孤。

張哲民先生

哲匠謀猷深遠。
民曹事業長新。

蕭和貴先生（高檢署檢察官）

和而不流強哉矯。
貴能弼教明乎刑。

楚　癡先生

楚。楚英華發於外。
癡。癡誠樸蘊乎中。

其二

楚。水吳山秦日月。
癡。人墨客酒神仙。

其三

楚。狂酷似陸高士。
癡。號多於顧愷之。

滌　泉先生

滌。慮無瑕。清心若水。
泉。流不息。行健自強。

李有德世伯

有。土此有財。有財此有用。
德。修則德厚。德厚則德高。

李水圳先生

水。以長流而致遠。
圳。因清浚迺成淵。

宋敬照先生

敬。慎理庶政。
照。臨安萬方。

吳志超鄉長

志。在高山流水。
超。然霽月光風。

焦志遠先生

志。節彌堅經火煉。
遠。山排沓送青來。

一　鳴先生

一。者誠而已。
鳴。不平乎哉。

其二

一簾風月王維畫。
鳴鳳辭章宋玉詞。

其三

一鶴橫江蘇子賦。
鳴鸛入谷稚珪文。

丁勤夫先生

勤以補闕補袞。
夫子經師人師。

楚狂老人

楚本多才。錦心繡口。
狂而無漏。逸興遄飛。

雷漢民先生

漢代聲威遠大。
民主風度長新。

其二

漢魏文章稱妙手。
民生國計總關心。

章秉成先生

秉性剛強平以直。
成功事業儉而勤。

其二

秉筆思生。臨池思逸。
成人之美。盡己之長。

亞　倫先生

亞字雕欄。詩吟風月。
倫常有序。學究天人。

其二

亞雨歐風。名揚一世。
倫常教化。道足千秋。

丁行全先生

行藏安於所遇。
全德勤在自修。

趙子卿先生

子房足智稱三傑。
卿士深謀貴十思。

王功林先生

功德崇高稱碩望。
林園靜趣得幽棲。

鍾亦鳴先生

亦莊亦諧。剛柔並濟。
鳴泉鳴石。雅韻同流。

袁觀魚先生

觀風玩月山河麗。
魚躍鳶飛海天寬。

其二

觀賞閒雲真自在。
魚游活水樂靡涯。

炳　功先生

炳其文大人虎變。
功可就志士鵬摶。

其二

炳績廉明心似鏡。
功勳顯著口皆碑。

譚冀武先生

冀州卿子稱才俊。
武衛將軍著勇謀。

注：卿子。時人相尊之稱。

其二

冀野絕塵千里馬。
武功秀傑一人龍。

陳錦鐸先生

錦程新歲月。
鐸德著鯤台。

徐玉成先生

玉石無瑕堅且美。
成功有道廉而能。

其二

玉潔其心。冰清其骨。
成人之德。竭己之能。

石熙祥先生

熙笑忘年。神姿高徹。
祥禽來舍。瑞氣騰凝。

富川漁父雙鈎格

富貴浮雲師尚父。
川河垂鈎丈人漁。

董修平先生法官

修謹以服官。
平廉而折獄。

陳鴻章先生

鴻文闡要道。
章句非小儒。

華傑三先生

傑出蕭韓右。
三多福壽先。

章錦廷學長

錦還輯寧八表。
廷試出使四方。

黃子賢學長

子。遊文學齊子夏。
賢。士道要入賢關。

王正華鄉長

正。其義不謀其利。
華。於表而慧於中。

楊廷琛學長

廷。拔真才當大任。
琛。原寶玉獻王庭。

柯翊鵬鄉長

翊。展數仞凡夫輩。
鵬。摶九萬壯士儔。

光遠鄉長

光。大百家學術。
遠。搜千古遺文。

陳增祿先生

增。其不能。苦心苦志。
祿。之來錫。而壽而康。

朱振東鄉長

振。起頹風昌國運。
東。來紫氣滿樓台。

其二

振。筆疾書箋上舞。
東。坡作賦舟中吟。

恢　宇先生

恢。宏事業如雲起。
宇。量襟懷若海涵。

李業義鄉長

業。修德進神情逸。
義。正仁安氣宇宏。

天　道先生

天高星月朗。
道大宮牆新。

其二

天降斯人擔大任。
道行於世翊中興。

林一葉學長

一鳴以驚世。
葉落而知秋。

在　山先生

在公修職事。
山居放形骸。

劉永奇小姐

永世誠心遵主訓。
奇人苦口傳福音。

龔百順先生（大專講師）

百年樹人長化雨。
順天得道樂春風。

其二

百其說不違其道。
順乎天而應乎人。

石曉陽鄉前輩

曉日中天人不老。
陽春一曲和皆難。（岑參句）

其二

曉嵐文博貫今古。
陽明立說合知行。

袁觀魚學長

觀遍五嶽。而知眾山小。
魚遊百川。咸以大海歸。

方嘉才先生

嘉言益世。挽頹風風移俗易。
才識過人。成大業業進德修。

鄭文富先生

文載道。史載事。
富潤屋。德潤身。

廖壽泉先生

壽豈顯令德。（豈讀愷）
泉石見高風。

詩　治先生

詩中有畫詞章美。
治下無私道岸登。

建　忠先生

建樹世咸仰。
忠純人共欽。

天　錫先生

天增歲月春秋盛。
錫與人群福慧多。

先　登先生

先憂後樂。當天下重任。
登堂入室。究道要精微。

石亞藩先生

亞字雕攔憑遠眺。
藩籬繞室好幽棲。

王樹人鄉長

樹德兼樹禮。
人傑亦人龍。

其二

樹大高標。為梁為棟。
人中豪傑。允武允文。

劉嘯宇先生

嘯歌欽志節。
宇量見德行。

吳志文先生

志節抒忠悃。
文章見道心。

李滌中先生

滌盡塵煩。心胸清闊。
中夫規矩。品行端方。

志　弘先生

志定不移不屈。
弘揚至正至公。

張俠仁學長

俠骨柔腸心日月。
仁山智水壽岡陵。

宗大驊學長

大人以六合為心。
驊騮展八荒之足。

其二

大正至公言諤諤。
驊驍騏駿骨嶙嶙。

其三

大漠翔鵾。丹霄氣逸。
驊騮開道。曠野秋高。

其四

大化本無私。願桂馥蘭馨。平分秋色。
驊騮各有志。看風馳電掣。齊競前程。

胡生根先生

生龍活虎神情逸。
根固枝榮事業昌。

王天祿學長

天所不負。貞心苦志。
祿之來錫。美意延年。

劉小瑩小姐

小於幺鳳輕於燕。
瑩似明珠錦似花。

劉保民先生

保健養身君子德。
民胞物與至人懷。

正　琅先生

正直其人昌德業。
琅玕似玉有聲華。

左青靈小姐

青眼有神知秀慧。
靈根厥美見豐姿。

蔣怡娟小姐

怡情最是閨闈裏。
娟美難能秀慧中。

劉　怡小姐

台女湘姑。品清人俏。
心珠水月。智圓行方。

林瀚澄先生

瀚海長天瞻氣宇。
澄江夜月見風光。

麗　雲小姐

麗質柔情生秀色。
雲鬟綠鬢有清芬。

吳廣沛先生

廣其襟抱遠其志。
沛若豪雄藹若親。

文　一先生

文章能華國。
一柱自擎天。

其二

文章端末俗。
一室生春風。

祥　瑞先生

祥開天象。
瑞啟人龍。

經　國先生

經之營之。有為有守。
國也民也。毋我毋私。

孫如晨主秘

如日之昇。如松之盛。
晨光其采。晨氣其清。

石蜀芳小姐

蜀鄂靈鍾弘器識。
芳華雅逸出風塵。

靜　一小姐

靜以修身。儉而養德。
一團和氣。八面玲瓏。

建　安先生

建樹恢先緒。
安居裕後昆。

喬景春上校

景柱鴻濛。寬懷度量。
春華燦爛。大塊文章。

鄒海漁先生

海闊天空容嘯傲。
漁歌樵唱樂昇平。

王甘棠先生

甘。露珠珠滋物阜。
棠。華朵朵開自由。

汪繼陶先生

繼。往開來源不息。
陶。情養性壽長康。

吳一平畫家

一。筆揮來千壑雨。
平。岡眺去滿懷詩。

惠　美小姐

惠。以清風河畔竹。
美。如仙子月中娥。

陳玉秀小姐

玉。潔其心。冰清其骨。
秀。嫺於表。賢慧於中。

聶鳳芝小姐

鳳。蝶斑其采。
芝。蘭清且芬。

李致平小姐

致。知格物神思遠。
平。實近人品性清。

郭燦輝先生

燦。爛人生真善美。
輝。煌事業智勇仁。

蕭國漢叔公

國。風浩蕩家聲振。
漢。業興隆甲第新。

慕　愚先生

慕。義親仁天下望。
愚。忠大勇古人心。

瓊　姿小姐

瓊懷皎潔如冰玉。
姿宇神聰乃大家。（家讀姑）

林寄華（清臣：林則徐孫女）

寄傲倚南窗。豪情勝概懷當日。
華筵開北海。茶苦吟高樂永年。

張佩芬女士

佩蘭多懿行。
創業有奇芬。

連　椿先生

連理枝頭忻結子。
椿萱堂上笑含飴。

張欣威將軍

欣以向榮約以禮。
威而不猛恭而安。

連美雲小姐

美似金星光媚眼。
雲中銀月潔冰心。

玉　琴小姐

玉骨冰肌清且秀。
琴音曲調雅而新。

瑞　泰先生

瑞相一奇人。金光異表。
泰阿三尺劍。技藝超群。

其二

瑞日靄層樓。光華相映。
泰風生萬物。花萼聯輝。

林美珍小姐

美化人生期幸福。
珍修佛學結因緣。

其二

美。意延年觀自在。
珍。心空相拜如來。

秋　雲小姐

秋。月春風增景色。
雲。蒸霞蔚靄樓台。

談宏生先生

宏。放達觀甘澹泊。
生。來有自不尋常。

其二

宏。德達才稱大雅。
生。知養望見高風。

湯金龍先生

金。玉滿堂春富貴。
龍。光射斗氣豪雄。

慧年優婆夷

慧。根清淨緣於佛。
年。力康強快此身。

明淨優婆夷

明。德修身行善道。
淨。心禮佛渡緣人。

有　煒先生

有。為自得名聲顯。
煒。曄遐觀德業新。

王郁薇小姐

郁。靄祥雲來百福。
薇。生麗質壓千紅。

王郁文賢梀

郁。德猶龍光祖澤。
文。思倚馬有雄才。

浩然與淑賢伉儷

浩矣澄懷。揚清激濁。
然哉信美。淑世親鄰。

其二

淵浩揚聲從汝願。
誠然淑美有誰如。

禎　祥先生

禎國福民。吉人天相。
祥麟成鳳。命世賢才。

謝琦瑛小姐

琦行超倫多穎悟。
瑛姿脫俗出風塵。

寶　秀小姐

寶玉光從磨礪出。
秀蘭香自栽培來。

文武與致平賢伉儷

文武全才。恩威並濟。
致平有道。和藹可親。

鈞光與金玉賢伉儷

鈞天錦地。光風霽月。
金琖銀臺。玉潔冰清。

孫伯南先生（別署牟下散人）

牟下散人筆力健。
西山逸士法書傳。

民　生先生

民歌園野風光美。
生聚山林果實豐。

張效忠先生

效法聖賢。修身有道。
忠誠惇厚。介壽長康。

其二

效命騁疆場。水陸兩棲經百戰。
忠心昭日月。甲花並燦映雙輝。

國　強先生

國士才高昌德業。
強宗右族奠邦基。

陳基本先生

基緒端從勤儉起。
本根還是灌培榮。

楊紹震先生

紹緒昌光先德。
震風垂裕後昆。

洪濬哲先生

濬淵水碧泉源湧。
哲士才高物望歸。

王鈞章先生

鈞陶評鑑三千士。
章法謹嚴百萬言。

仁　善先生

仁厚義高同款洽。
善人益友倍欽崇。

承任與敏芳賢伉儷

承先啟後。任重而道遠。
敏慧端莊。芳風出俗塵。

趙營長金喜

金戈鐵馬將軍膽。
喜義急公壯士心。

明　遠先生

明辨是非弘大道。
遠謀韜略誓雄師。

曾長發先生

長見才華昌德業。
發為讜論報鄉邦。

黃政義先生

政在愛民民樂利。
義由報國國恆昌。

觀　湖先生

觀往知來真卓識。
湖光山色最怡神。

金生先生

金石同堅。為民謀福。
生平務實。報國宣勞。

鑄　誠先生

鑄山煮海富天下。
誠意修身別是非。

注：鑄山煮海。即採山裏的銅鑄成錢幣。取海中之水煮成食鹽。見（蘇軾表忠觀碑）「鑄山煮海。象犀球玉之富。甲於天下。」

蕭永楷先生

永逸長生人壽愷。
楷模楨幹體康強。

賢繼禹先生

繼往開來。光昌氣魄。
禹謨舜典。安定邦家。

胡禮興先生

禮之用。和為貴。
興於詩。歌永言。

福　燈先生

福。田廣種恩波渥。
燈。塔長明航路安。

徐玉成鄉長

玉。振金聲皆雅韻。
成。名養望有高風。

張香譜先生

香。遠德清揚海外。
譜。歌人瑞慶期頤。

胡仲山先生

仲。父文章酬上國。
山。人哲理究生民。

其二

仲。蔚篷蒿甘澹泊。
山。濤清儉足風流。

侯灑琴女史

灑。落真於天所賦。
琴。音美在韻能和。

素　珍小姐

素。性溫良全四德。
珍。心純厚有三從。

葉參事甫庵

台甫。美名多福祿。
學庵。養望有聲華。

黃秀鳳記者

秀。外惠中多妙筆。
鳳。毛麟角一奇才。

孟健君先生

健。者春秋長不老。
君。歸澹泊樂從容。

國　義先生

國風丕振春風化。
義氣長留和氣生。

劉瑞賢先生

瑞氣同祥雲並靄。
賢能與事業齊名。

忠　信先生

忠孝兼全人有幾。
信誠並立世無雙。

克　正先生

克己為仁榮退谷。
正經善道盡藏山。

詹有成先生

有志有才。克勤創業。
成名成器。進德修身。

詹前登先生

前修可鑒陶朱業。
登用維才虞舜風。

劉金清先生

金玉其心。芝蘭其室。
清風滿座。明月滿懷。

莫少華先生

少年頭角崢嶸露。
華國文章意氣豪。

志遠與恕謙伉儷

志業恢宏期致遠。
恕心仁厚本持謙。

雲　霓小姐

雲谷幽蘭香溢遠。
霓裳仙子舞超群。

雲　雯小姐

雲無心以出岫。
雯耀彩而成章。

清　江先生

清白其身。克孚眾望。
江山還我。慶得賢能。

詹雪青先生

雪窖冰天期勵志。
青山綠水足娛情。

陳漢傑先生（新儒字）

漢業中興憑鼓吹。
傑人獨往有誰如。

連勝彥先生

勝者不驕。穩操左券。
彥名遠播。表率群倫。

胡景徵與錦菊伉儷

景柱鴻濛。徵祥兆瑞盈庭靄。
錦堂亮麗。菊茂花開滿院香。

鼎　恩先生

鼎業興從等劃起。
恩田源自耕耘來。

李超凡學長

寄字遠從千里外。
論交深在卅年前。

其二

超高道德長生福。
凡大文章不朽言。

蔡慶河先生

慶瑞嘉祥歌吉兆。
河清海晏樂昇平。

彭德彰先生

德潤身。健康添壽命。
彰遠志。風雨生信心。

懋　華先生

懋力從醫。心存濟世。
華佗問診。意在活人。

粘錦檳董事長

錦繡前程光大業。
檳榔喬木綠長榮。

雷漢民先生

漢水峨雲。山川並美。
民胞物與。松鶴延年。

國　興先生

國富民強敦禮樂。
興詩立教振綱常。

佩　賢小姐

自是佩蘭多懿行。
從來賢路達青雲。

惠　敏同學（輔仁大學生）

惠爾多才清且秀。
敏而好學精於勤。

毅　忠主祕

毅力成功本。
忠誠負責基。

李振發先生

振起雄心興大業。
發揮新意奮前程。

定　意先生

定能吟得詩千首。
意到筆隨文萬言。

清　吉先生

清心寡慾精神爽。
吉兆良機事業隆。

鴻　銘先生

鴻圖大展無疆業。
銘記日新有道財。

國　椿先生

國風遠播聲威振。
椿樹長榮馥郁多。

國　珍先生

國工鑲玉心思巧。
珍寶嵌金聲價高。

新　富先生

新其心。豪其志。
富潤屋。德潤身。

蕭參謀長巨民將軍

巨艦飛航滄海闊。
民心歸向眾師和。

曹慎明先生

慎微慎獨真君子。
明是明非大丈夫。

鍾文上先生

文心乎其器。
上智哉若人。

沈雲芳小姐

雲霞生異彩。
芳卉溢清芬。

陳曉嘉女士

曉得青春宜永駐。
嘉評生意信堪誇。

曹雲霞女士

雲彩飛揚欣得意。
霞光郁靄喜生財。

林海雲女士

海闊任優遊。
雲深不知處。

海　龍女士

海納百川水。
龍飛萬里程。

其二

海闊天空明遠志。
龍章鳳采有豐姿。

包崇慧小姐

崇義居仁修德業。
慧中秀外有芳風。

馬　明（字鄉之）

鄉思歸洗馬。
之子老猶龍。

楊中新先生

中規中矩能修業。
新國新民在讀書。

王忠昌先生

忠孝傳家本。
昌光奕世徵。

桂君賢先生

君為輕。民為貴。
賢可齊。聖可希。

其二

君子立身明大道。
賢人處世合中庸。

進　益先生

進德重純誠立信。
益友乃直諒多聞。

胡國棟老師

國賴良師興漢業。
棟支大廈被蒼生。

劉金鳳女士

金枝玉葉溫柔美。
鳳舞鸞翔綽約婆。

其二

金石為開情所至。
鳳凰于舞樂而融。

吳志超先生

志定不憂不懼。
超然毋我毋私。

汪龍慶與鄭秀宜賢伉儷並女亭與廷子經國

龍慶傳人。才誇經國。
秀嫻宜室。亭育堯廷。

注：亭育。即撫養、培育之意。堯廷。即堯帝之朝廷指太平盛世也。

湧　傑先生

湧潮財富縱橫志。
傑出人才菩薩心。

鴻　波先生

鴻翔千里路。
波蕩九州塵。

其二

鴻鵠翱翔雲漢志。
波瀾壯闊海天懷。

謝淑貞女士

淑。靜清勤慎。
貞。明淡雅融。

林金順先生

金。聲玉振文名著。
順。德依仁志業新。

李滌中先生

滌。蕩襟期。傳授心法。
中。懷技藝。美化人生。

羅春宏先生

春。風化雨聖人業。
宏。德行仁賢士心。

清　彥先生

清。風傳教化。
彥。士立嘉言。

洪榮東先生

榮。路長年樂。
東。山旭日昇。

其二

榮。問揚聲。高明俊德。
東。南名士。人傑地靈。

明　星先生

明。月松間照。（王　維句）
星。橋鐵鎖開。（蘇味道句）

趙毓昌先生

毓。德修身端末俗。
昌。言益世秀群英。

林　瑞女士

林。泉幽美長年樂。
瑞。草清芬得氣先。

吳小芳女士

小悟已能明大道。
芳華永駐樂延年。

何淑貞小姐

淑慎溫良明儉讓。
貞元勵志發光華。

周榮光先生

榮耀夙彰。徽華早茂。
光風持品。霽月滿懷。

常月華小姐

月白風清心膽闊。
華年麗質技能高。

其二

月窟嫦娥仙子降。
華堂富貴牡丹開。

常瑞雯小姐

瑞靄蘭芬初吐艷。
雯騰閣綉合增幽。

其二

瑞草瑤花玉女相。
雯雲綃霧羽霓裳。

聶治安先生

治事真誠。修身格物。
安心恬淡。養志浮雲。

為　瑜先生

為所勿為真灑脫。
瑜不言瑜見謙卑。

中柱與國芬賢伉儷

中流砥柱英雄種。
國色靈芬大秀風。

余友仁先生

友直友諒友多聞。詢稱益友。
仁風仁人仁壽愷。是謂親仁。

淯　源先生

淯生萬物功無計。
源溯三江利滾來。

周志中先生

志節存心。曰忠曰孝。
中庸之道。不易不偏。

徐子月先生

子房足智齊三傑。
月旦品評十二樓。

陳詩賢先生

詩書敦夙好。
賢達秀群英。

陳金察先生

金剛光澤門庭耀。
察納雅言度量寬。

姚彥松先生

彥士文雄才倚馬。
松貞節古老猶龍。

楊雅媛小姐

雅言多禮惟恭謹。
媛女大方總慧嫻。

陳富美小姐

富於開創千秋業。
美在善良一顆心。

小　容小姐

小處作為觀造就。
容儀端秀見聰明。

彭瑞珠小姐

瑞。祥沾喜氣。
珠。玉吐新聲。

陳麗芬小姐

麗。以雍容貴。
芬。從淡雅尊。

舒明華小姐

明。寧致遠大。
華。美貴端莊。

秋　明小姐

秋。閨休久戀。
明。月寄相思。

蕭俊傑賢阮

俊。宇胸如東海闊。
傑。人壽比南山高。

劉美麗女士

美。好前程先敬事。
麗。新偉業大強人。

鄧淑娟小姐

淑。善聰明溫儉讓。
娟。柔氣質美嬌嬈。

平　川先生

平。慮清心資雅望。
川。渟嶽峙樹高風。

王希堯學長

希。世箴言端末俗。
堯。階揖讓見高風。

林子健先生

子。才倚馬聞遐邇。
健。筆如龍任縱橫。

彭竹平先生

竹。有清風高節概。
平。為福氣吉祥光。

黃大中先生

大。業巨人健與美。
中。和養性壽而康。

李愛玉小姐

愛。滿人間多喜樂。
玉。稱寶物自珍藏。

羅美娘小姐

美。人饒韻味。
娘。子好溫情。

李淑珍小姐

淑。雅襟懷朗。
玲。瓏智慧多。

梅　英女士

梅。開菊燦清芬永。
英。邁高明稟性良。

素　娥女士

素。行明心高智慧。
娥。眉鳳眼美嬌嬈。

周建國仁仲

建。樹良多桑梓福。
國。邦統一庶民安。

張淑英教授

淑。德令儀稱楷範。
英。年足智見才華。

陳文生與月英賢伉儷

文。詞生。趣情偏茂。
月。魄英。華夜更明。

于春艷先生

春秋得意仁者壽。
艷淡忘懷處士心。

曹之冠兄別號志貫特嵌字以贈

之無早識。志氣高昂。長江頭出奇男子。
冠邁等倫。貫通今古。大筆手銓赤壁文。

注：先生曾寫蘇東坡赤壁賦之思源一文。享譽文壇。

林大椿教授

大塊文章才倚馬。
椿楨節概老猶龍。

淑　娟小姐

淑嫻氣質三從德。
娟秀溫良一片心。

林雍恩經理（銀行界）

雍容大愛懷天下。
恩澤長流惠眾生。

人　白先生

人以一愚藏大智。
白而無垢是良材。

傅美鳳女士

美盡可人牽汝愛。
鳳鳴在樹訴誰知。

李淑鈴小姐

淑行高風饒韻逸。
鈴聲細語見溫馨。

何怡葶小姐

怡人容眾豐姿雅。
葶秀花嬌品味香。

萬永泰（名謙）先生

永保康強斯幸福。
泰恬生活亦神仙。

其二

永以為好。（詩經句）
泰然後安。（易經句）

張定山先生

定靜神思遠。
山高膽氣豪。

其二

定有英雄膽。
山中宰相胸。

其三

定力無涯雲過眼。
山光多彩景羅胸。

蔚　然先生

蔚若龍翔身矯健。
然為虎躍步飛騰。

文豪與麗玉伉儷

文膽豪胸開世運。
麗人玉樹沐天恩。

陳玉珍先生

玉樹盈階秀。
珍羞滿席香。

劉超傑仁兄

超逸塵凡新眼界。
傑高道德大胸襟。

吳啟昌與黃艷珍

啟迪癡迷空艷色。
昌期慧覺守珍圭。

何安定與古燕瓊

安富尊榮歌燕處。
定心厚誼展瓊懷。

邱衍明先生

衍流分派觀朝野。
明德新民辨是非。

贈黃芬絹女史

芬芳繼武承先德。
絹素成文裕後昆。

蔡有志先生

有生之日。可貢諸社會。
志道者流。造福乎人群。

黃文美小姐

文質彬彬而有禮。
美人楚楚以不群。

趙雪芬女士

雪勵松貞柏節。
芬揚蕙質蘭心。

段世革教授

世故因和眾。
革心乃出新。

何本良老先生

本立道生人德厚。
良知行卓世風淳。

政堂與怡美賢伉儷

政貴人和堂且正。
怡然花放美而香。

美　珠小姐

美玉於斯藏待賈。
珠顏常在發幽光。

彭富榮先生

富貴端從勤奮得。
榮恩肇自福緣修。

千里（字明驥）先生

千峰環抱名人宅。
里舍清幽隱士風。

其二

千鍾百鍊文章貴。
里美居仁姓字香。

謝東志仁棣

東南才盡美。
志概器非凡。

注：一、東南才盡美。即指東箭南金。《爾雅、釋地》東南之美者。有會稽之竹箭；西南之美者。有華山之金石。後用以比喻美才。

二、志概。即意志氣概。器。指才能、本領或度量。

林德龍先生

德潤一身人隱市。
龍游大海鳳鳴岡。

其二

德術兼修文倚馬。
龍鵬共展志凌霄。

屠　佳先生

屠龍快劍英雄膽。
佳品奇文藝術師。

詹煥青與春榮伉儷

煥然松柏青而勁。
春在芝蘭榮且芳。

石品芳（蓮塘）先生

蓮出污泥芳遠碧。
塘開明鑑品彌光。

鄧堯惠道親

堯封樂土居之穩。
惠濟眾生敏且勤。

鼎　恩先生

鼎鼐人和功在國。
恩榮宴設客如雲。

華　美女士

華如桃李人如鳳。
美媲嫦娥月裏仙。

王一娟女高音（雲泥格）

一曲長歌高嘹喨。
千山明月共嬋娟。

薛秋霞女史

秋水共長天一色。
落霞與孤鶩齊飛。（集滕王閣序句）

贈曹瑋芩小姐

瑋質瑰姿葩艷逸。
芩蒼葉翠味香清。

高遠燊兄自美返台探親友紀盛94.7.21.

去國毋忘親友健。
返臺喜見故人多。

劉力青先生

力勁耳聽胸似海。
青松翠柏壽如山。

焦明朗鄉長

明德親民稱至善。
朗懷毋我見真誠。

孔令忠先生

令德有容襟乃大。
忠言善道意惟誠。

蔡麗紅小姐

麗水生金恒富國。
紅顏厚福有奇才。

題贈

燕公策志垂萬世。
夫子文章賈千金。

注：此聯之特點。字型字劃左右相對襯。若用篆書。反面觀之。幾乎與正面無異。

其二

雅言察納稱賢士。
稟性廉能作聖人。

其三

進事不離情理法。
利人端在愛親仁。

贈市議員

奕葉匡時謀國是。
華觀容眾順民情。

贈許海泉先生（監院副秘書長）

海納百川。成胸在竹。
泉流萬斛。彩筆生花。

贈周　毅先生

周遊中外闖天下。
毅習武功濟世人。

贈沈發與廖秀燕賢伉儷

沈機發軔觀其變；
秀閣燕棲居也安。

贈賴永祥與陳秋綿賢伉儷

永結同心，秋闈休久戀；
祥開百世，綿遠更昌明。

贈李榮進大哥

榮華節制無私欲。
進退權衡有口碑。

贈緒鎮賢樓

安身立業先強國。
邦國民寧首建軍。

贈駒華（龍康字）

駒隙分陰陶侍衛。
華章大筆韓昌黎。

注：陶侃，初為縣吏因亂有功，官至侍中太衛故簡稱陶侍衛。

贈領先學長

握領軍心鼓士氣。
得先戰果報佳音。

九、偶對拾遺

成語偶句 96、4、7

一言可以興邦。觀文起八代之衰。詩贊中興之盛。

三生何其有幸。得二知己終不負。兩姓好喜不勝。

抒感

三洋遊罷難忘水。

四嶽歸來不看山。

雀戰

休閒歲月牌三昧。

嘯傲山林酒一壺。

注：三昧：指健腦、益智、活筋骨等。

集格言二聯

冷靜觀人。理智處世。

虛圓立業。憤事失機。

其二

動靜合宜。出入無礙。

順逆一視。欣戚兩忘。

悟空

欲登仙界勤修道。

悟到空花得化身。

集宋、黃裳句

有身且睡三竿竹。

無物應看一指禪。

頓悟

身在凡塵心在佛。
胸如日月色如空。

安行集句

安而能慮。定而能靜。
行者常至。為者常成。

全球徵對上聯

八陣圖、七星劍、五丈原、三國一人諸葛亮。

對下聯

二王字、四體書、九宮格、獨家正楷歐陽詢。

又

四重奏、十嘆聲、六月雪、千叮萬囑竇娥冤。

秀　英（軍樂園姑娘）

秀色可餐。芳心已折。縱懷君所欲。
細訴衷腸橫枕上。
英姿奪目。媚態迷人。得意自勾留。
難分纖手浴河中。

集句

羈旅瀛邊孤海鶴。
翱翔天際一沙鷗。

偶感

人以一愚藏大智。
學從三昧見高明。

注：三昧。即奧妙、訣竅。多指得到某種學術技藝的奧秘而言。

又

人生具奮鬥精神。無堅不克。
天下罕特殊難事。有志竟成。

箴言對聯

行言不易空言易。
評事無難了事難。

偶題養老日課

耄齡不倒翁，喜飲食勝常，起居如昔；
皓首長青樹，猶誦經十遍，拜佛百頭。

偶感

天如不薄老蒼，食衣住晚年滿足。
予亦能延壽算，歸去來竟日開懷。